Der beherzte Patient

Bettina Kübler

Der beherzte Patient
Vom gesunden Umgang mit Krankheit

*Bibliografische Information der Deutschen Nationalbibliothek:
Die Deutsche Nationalbibliothek verzeichnet diese Publikation in der Deutschen Nationalbibliografie; detaillierte bibliografische Daten sind im Internet über http://dnb.dnb.de abrufbar.*

© 2015 Bettina Kübler
© 2017 Bettina Kübler (aktualisierte und erweiterte Neuauflage)

Herstellung und Verlag: BoD – Books on Demand, Norderstedt
Titel-Illustration: Flavio Takemoto
Grafik & Satz: undgestaltung.de

ISBN: 9783743181540

Internet: www.der-beherzte-patient.de
Facebook: Der beherzte Patient
Twitter: @beherztsein

Über Bettina Kübler und „Der beherzte Patient"

Dieses Buch ist ein Erfahrungsschatz, den ich meinen Patienten und allen Betroffenen nur empfehlen kann. Dieses Buch macht Mut! Dr. med. Andrea Oest, Ärztin

Ein ermutigendes und hilfreiches Büchlein. Die Anregungen, seinen eigenen Weg im (möglichst guten) Umgang mit Krankheit zu finden, sind vorsichtig, zurückhaltend und undogmatisch formuliert. Es wird einem nichts verkauft, im Gegenteil. Da hat jemand viel ausprobiert und Erfahrungen geteilt. Dass jeder seinen eigenen Weg finden muss, wird auch sehr deutlich. Ich fand es sehr unterstützend.
Sabine Renken, Leserin

Die Frau strotzt vor Energie.
Stefanie Liedtke, Frankfurter Neue Presse

Ein Büchlein mit vielen guten Anregungen – eingeordnet, ohne zu verallgemeinern. Es lohnt sich übrigens auch, das Buch zu lesen, bevor es einen erwischt hat. Das Richtige kann man ja auch tun, ohne dass der Ernstfall eingetreten ist – vielleicht kommt es dann gar nicht so weit. Das Beste: Die Autorin sieht aus wie das blühende Leben. Irgendwas scheint sie richtig zu machen ... Karin Hoffmann, Leserin

Ich bin zwar selbst nicht betroffen, begleite aber als Reiki-Meisterin mitunter Menschen, die mit der Diagnose Krebs konfrontiert sind und nach Ergänzungen zu ihrer schulmedizinischen Behandlung suchen. „Der beherzte Patient" ist für meine Klienten mittlerweile zu einem wertvollen Rat-

geber geworden. Das Büchlein hat sogar eine Klientin und mich auf die Idee gebracht, zusammen mit der Gleichstellungsbeauftragten unserer Stadt einen Themenabend rund um das Thema Brustkrebs zu organisieren, bei dem neben einer Gynäkologin und einem Physiotherapeuten auch Bettina Kübler referierte. Der Abend war ein voller Erfolg, nicht nur wegen der vielen wertvollen Informationen, sondern weil die Referenten den Patientinnen Mut gemacht haben!
Caroline Kather, Therapeutin

In jedem Satz steckt selbst Erlebtes, selbst Erfahrenes, das macht das Büchlein so informationsstark. Manfred R., Patient

Was geschieht, wenn man von einer bedrohlichen, vielleicht sogar „unheilbaren" Krankheit betroffen ist? Heißt das dann nur noch: Untersuchungen, Operation, Bestrahlung, Chemotherapie - bin ich nur noch Patient, Leidender? Was wäre, wenn man in seiner Krankheit einen Anlass sähe, sein Leben beherzt in die Hand zu nehmen? Die Journalistin Bettina Kübler ist Betroffene; sie sucht über die bekannten Wege hinaus auch eigene Beiträge zur Gesundung. Sie findet Hilfe, Anregung und Kräftigung durch eigenes Tun und wird unterstützt von Menschen, die sie mit verschiedenen komplementären Verfahren vertraut machen. Darüber hat sie ein sehr lesenswertes Büchlein verfasst, mit dem sie ihre ermutigenden und befreienden Erfahrungen gerne weitergeben möchte.
Dr. med. Andreas Reuther, Arzt

Für Bettina Kübler ein wichtiger Grundsatz: Die Heilung beginnt im Kopf. Ralph Schäfer, Saarbrücker Zeitung

Das Buch sollte jeder lesen, um seinen eigenen Weg zu finden. Dafür bekommt man viele Anregungen. Auch um den

Mut zu bekommen, seinen ganz eigenen Weg auch zu gehen – gegen alle anderslautenden Meinungen und Widerstände.
Silke Bewer, Angehörige

Als ich den „Beherzten Patienten" las, stellte ich mit Erstaunen fest, wie hilfreich es ist, sich mit alternativen Heilungsmethoden auseinanderzusetzen. Heute, ein Jahr später, fühle ich mich geheilt ... Ich danke der Autorin für diesen eindrucksvollen und effektiven Ratgeber.
Susanne D., Patientin

„Der beherzte Patient" ist ein wunderbares kleines Buch. Es macht unaufdringlich und sehr einfühlsam Mut, seinen eigenen Weg zu suchen – ohne irgendetwas schönzureden.
Viola Seiffe, hr-iNFO

Habe gerade das Buch gelesen. Es Seite für Seite in einem Rutsch verschlungen. Wunderbar und hilfreich und inspirirend. Danke! Sabine H., Patientin

Inhalt

Vorwort zur zweiten Auflage   12

Vorwort zur ersten Auflage   14

Teil I • Erfahrungen und Erkenntnisse

Kapitel 1
Fluch, Unabänderlichkeit – oder Segen?   17
Einstellung zu Krankheit und Heilung

Kapitel 2
Der Krebs, meine Lieben und ich   23
Heilung im privaten Umfeld

Kapitel 3
Überlebensgeschichten und Quantenphysik   27
Bücher, die Hoffnung machen

Kapitel 4
Osteopathie, Akupunktur & Co   38
Hilfreiche ganzheitliche Therapien

Kapitel 5
Geist und Seele brauchen Zuwendung   58
Vom Psycho-Onkologen bis zum Geistheiler

Kapitel 6
Walking, Qigong & dunkle Schokolade   **75**
Unsere Lebensweise im Fokus

Kapitel 7
Seien Sie beherzt   **86**
Den eigenen Weg finden

Teil II • Gedanken und Interviews

Kapitel 8
Gesund? Krank? Palliativ?   **88**
Schluss mit dem Schubladendenken

Kapitel 9
Wenn die Seele ruft   **92**
Interview mit dem Ayurveda-Therapeuten
Ravidas Korn

Kapitel 10
Selbstbestimmt ins eigene Leben finden   **96**
Interview mit dem Künstler Bruno Bussmann

Kapitel 11
Die verbindende Kraft der Akupunktur   **103**
Interview mit Dr. med. Michael Hammes

Kapitel 12
Angst ist wie Skifahren   **111**
Ein quälendes Gefühl in Lebenskraft verwandeln

Kapitel 13
Qigong ist ein Dialog mit sich selbst **117**
Interview mit Dr. med. Ingrid Reuther

Kapitel 14
Schamanen schaffen lebendige Ordnung **124**
Interview mit Dr. Tobias Klein

Kapitel 15
Wie Gedankenkraft beim Singen hilft **129**
Ein Selbstversuch

Danke! **132**

Vorwort zur zweiten Auflage

Seit eineinhalb Jahren gibt es nun den „Beherzten Patienten". Rund 700 verkaufte und verschenkte Bücher, eine Website mit einem Blog (www.der-beherzte-patient.de), ein Facebook-Auftritt (Der beherzte Patient) mit mehr als 200 Abonnenten und einen Twitter-Account (@beherztsein). Mehrere Zeitungsartikel, eine Radiosendung, ein Patientenseminar, mehrere Vorträge, einer davon auf Youtube festgehalten. Viele gute Rückmeldungen.

Es gab auch vereinzelte kritische Rückmeldungen, die in verschiedenen Zusammenhängen sehr unsachlich, verletzend und drohend vorgetragen wurden. Mir wurde anlässlich eines Facebook-Posts zum Thema Mistel unterstellt, ich würde ein naturheilkundliches Verfahren als „alleiniges Heilungsmittel" propagieren und, noch schlimmer, Patienten eine Mitschuld an ihrer Erkrankung geben. Beides ist falsch.

Ich gebe einem Krebspatienten (und damit auch mir) keine „Schuld" an der Erkrankung. Ich meine lediglich mit dem berühmten Neurologen und Holocaust-Überlebenden Viktor Frankl, dass alles im Leben einen Sinn hat – auch und gerade eine Erkrankung. Es geht nicht um das Warum (damit ließe sich das Thema Schuld verbinden), sondern um das Wozu … ist die Krankheit gut? Wie kann ich mein Leben dahingehend verändern, dass es noch erfüllter und glücklicher, also heiler, wird?

Ich propagiere auch keine einzelnen Heilmittel, vor allem wende ich mich nicht gegen die Schulmedizin – im Gegenteil! Ich nutze sie – dankbar – bis heute. Ich meine nur, das reicht nicht, und öffne für Sie mein persönliches Schatzkästlein mit all meinen Erfahrungen in Dingen, die über die Schulmedizin hinausreichen. Über schulmedizinische Themen und Entwicklungen können andere besser schreiben.

Ich möchte Sie lediglich ermuntern, Ihre eigenen Erfahrungen zu machen und Ihren ganz persönlichen Lebensweg, Ihren individuellen, „gesunden" Umgang mit Ihrer Erkrankung zu finden. Ich verstehe mich dabei als Ideengeberin, Motivatorin und Mutmacherin – nicht mehr. Ich bin weder Ärztin noch Therapeutin noch Heilerin. Ich bin nur Patientin, die ihre Erfahrungen weitergibt. Was Sie damit anfangen, ist allein Ihre Sache.

Weil ich in den vergangenen eineinhalb Jahren wiederum vieles dazugelernt habe, habe ich beschlossen, das Büchlein zu aktualisieren und in einem zweiten Teil um Blogbeiträge von meiner Homepage zu erweitern – um Ihnen, liebe Leserin, lieber Leser, auch in gedruckter Form noch mehr Informationen zu vermitteln. Besonders ans Herz legen möchte ich Ihnen neben meinen Texten zu Schubladendenken, Angst und Gedankenkraft die Interviews, die ich mit befreundeten Ärzten, Therapeuten und einem Künstler geführt habe, um Themen, die ich zuvor nur angerissen habe, zu vertiefen. Ayurveda, Akupunktur und Qigong, Schamanismus und die Kunst haben eines gemeinsam: Sie erinnern uns an unsere eigene innere Stärke und Schaffenskraft. Sie zeigen die unterschiedlichsten Möglichkeiten auf, wie wir unser Leben gesünder und schöner gestalten können. Lassen Sie es uns einfach tun.

Vorwort zur ersten Auflage

Ratgeber gibt es viele. Ungefragten Rat, schlechten Rat auch. Also was halten Sie hier eigentlich in Händen?

Es ist ein sehr persönlicher Bericht dessen, was mir bei der Bewältigung meiner chronischen Krebserkankung geholfen hat. Es sind Erfahrungen, die dazu beigetragen haben, seit bald sieben Jahren mit dieser Krankheit (die bei den meisten Umstehenden schreckgeweitete Augen bei gleichzeitigem Atemstocken verursacht) ein wunderbares Leben zu führen. Man scheint mir das anzusehen und anzumerken – selbst Ärzte schütteln manchmal ungläubig den Kopf darüber, WIE gut es mir geht.

Weil mir das Menschen anmerken, werde ich oft um „Tipps" gebeten, wenn sie selbst oder ihre Lieben erkrankt sind – woran auch immer, ob chronisch oder akut. Ich habe schon viele Briefe und E-Mails an mir unbekannte Menschen geschrieben, mit denen mich eines verbindet: mit einer ernsthaften Krankheit umgehen zu müssen. Eines Tages dachte ich mir, das könnte ich auch eigentlich einfacher haben … So ist dieser kleine Erfahrungsbericht entstanden.

Worum geht es mir? Es geht mir darum, dass wir unser Leben – beherzt – in die eigene Hand nehmen. Ganz grundsätzlich – ob wir gesund oder ein bisschen krank oder schwer krank sind. Wir Patienten sollten Verantwortung für uns selbst übernehmen. In uns hineinspüren und uns gut informieren, nach unserem eigenen Weg suchen – und nicht den unhinterfragt gehen, der uns vorgegeben wird. Von einem Arzt, einer Statistik, einem Freund, einem Pfarrer, von wem auch immer.

Jeder von uns hat seinen eigenen Weg, den er selbst finden und gehen muss. Mal mit mehr, mal mit weniger Schwierigkeiten. Die Richtung sollte weniger die Außenwelt, sondern vor allem das eigene Herz vorgeben. Manchmal brauchen wir sogar eine Krankheit, um diesen Weg zu finden. Wenn wir ihn gefunden haben, kann die Krankheit gehen. Nicht selten bleibt sie auch – vielleicht brauchen wir sie, um auf unserem Weg zu bleiben. Was mitnichten heißt, dass wir dann ein schlechteres Leben haben müssen. Im Gegenteil! Wir können eine Krankheit haben – und trotzdem (oder deshalb) ein glückliches, erfülltes Leben führen.

Wir haben die Wahl: Wir können uns von der Krankheit unterwerfen lassen. Wir können aber auch daran wachsen – und sogar glücklicher sein als zuvor! Das habe ich lernen dürfen. Und möchte es gerne weitergeben.

Wie nutzen Sie nun dieses Büchlein? Es gibt so vieles, was wir selbst zur Behandlung etwa durch die Schulmedizin beitragen können. Durch unser Denken und Fühlen etwa oder die Nutzung komplementärer Heilweisen. Darüber können Sie hier vieles lesen. Manchmal reicht es schon zu sehen, dass es Menschen in einer ähnlichen Situation gibt, die einen Weg gefunden haben, gut mit ihrer Erkrankung umzugehen oder sogar Heilung erfahren haben. Vielleicht ist da aber auch ein Buch, eine Therapie, ein Ernährungshinweis, der Sie interessiert. Und vielleicht hilft es Ihnen sogar weiter – auf Ihrem eigenen Weg.

Ich habe, weil ich das als Orientierungshilfe ganz gerne mag, Therapien und Herangehensweisen bewertet. Achtung: „Mein Urteil" ist mein ganz persönliches – Ihres müssen sie selbst fällen! Hören Sie dabei auf Ihr Herz, befragen Sie noch andere Menschen, lesen Sie weiterführende Literatur, am besten: Probieren Sie das, was Ihnen spontan gefällt, selbst aus! Diese eigene Erfahrung kann kein Ratgeber der Welt ersetzen.

Aber es gibt allgemeingültige „Spielregeln" des Lebens, die der bereits zitierte Viktor E. Frankl aufgestellt hat:

„Die Spielregeln des Lebens verlangen von uns nicht, dass wir um jeden Preis siegen, wohl aber, dass wir den Kampf niemals aufgeben."

Er muss es wissen – denn er hat den Holocaust im Konzentrationslager überlebt. Wobei ich das Wort „Kampf" nicht so mag. Außer, ich akzeptiere und respektiere den Gegner und hasse ihn nicht. Denn Heilung geschieht nicht durch Hass und Ablehnung, sondern nur mit und durch Liebe. Und die Liebe ist nicht nur überall, wenn wir sie zulassen. Sie ist „kampferprobter" als alles andere auf der Welt!

Teil I • Erfahrungen und Erkenntnisse

Kapitel 1
Fluch, Unabänderlichkeit – oder Segen?
Einstellung zu Krankheit und Heilung

Hier möchte ich ein bisschen aus meiner Geschichte erzählen. Trotz jahrelanger engmaschiger Kontrollen im August 2010 der Schock: Brustkrebs. Große lobuläre Karzinome beidseits, massenhaft befallene Lymphknoten. Beide Brüste wurden mir abgenommen. Januar 2014: Metastasen in beiden Eierstöcken, Bauchfellkarzinose. „Palliativbehandlung" zur Aufrechterhaltung der Lebensqualität, limitierte Lebenszeit (ist nicht jedes Leben limitiert?).

Aufgrund meiner eigenen Art der Erkrankung beziehe ich mich in vielem, was ich schreibe, auf (Brust-)Krebs. Allerdings halte ich es mit den alten Ayurveden: Denen ist es grundsätzlich ziemlich egal, welche Krankheit man hat. Was zählt, ist, DASS man krank ist. Wobei das natürlich auch wieder Definitionssache ist: Wer ist total krank, wer völlig gesund? In der Traditionellen Chinesischen Medizin gibt es weder das eine in Reinform, noch das andere. Es gilt, die kranken Anteile in Schach zu halten und die gesunden zu stärken.

Beides versuche ich. Und wissen Sie was? Mir geht's gut. Meistens. Also sagen wir: neunzig Prozent meiner Lebenszeit, wobei sich die wirklich miesen Momente um die Diagnosen herum gruppieren. Auch auf die Kontrollen könnte ich getrost verzichten. Aber sie müssen nun einmal sein.

Ich möchte mir auf keinen Fall vorwerfen, sterben zu müssen, weil ich mit den Kontrollterminen geschlampt habe.

Im Sommer 2010 fühlte ich mich, als würde ich über einem Abgrund hängen und gleich abstürzen. Es war wirklich furchtbar. Drei Monate hat dieser Zustand gedauert. In diesen Monaten hatte ich eine unglaubliche Unterstützung: von meiner Familie, meinen Freunden, Ärzten, Therapeuten. Aber es hat Zeit gebraucht, bis diese Saat aufging, drei Monate eben. Dann gelang es mir, den Schalter umzulegen. Schluss mit der Todesangst, der Ablehnung der Realität, dem Gefühl, Opfer einer himmelschreienden Ungerechtigkeit zu sein. Stattdessen lautete mein Mantra: Es ist, wie es ist, und es ist gut so.

Vom Opfer zur Heldin

Auf wundersame Weise machte mir die harte Chemo plötzlich kaum noch etwas aus. Durch die Bestrahlung bin ich lachend und ohne nennenswerte Verbrennungen gesegelt. Auch meinen Rückfall habe ich nach einigen Wochen emotional wieder in den Griff bekommen. Denn ich habe in diesem fiesen Theaterstück die Rollen gewechselt: raus aus der marionettenartigen Opferrolle, rein in die Rolle der Heldin, die ihr Leben in die Hand nimmt und es sich keinesfalls vermiesen lässt, nicht von dieser heimtückischen, feigen Krankheit Krebs. Wer weiß schon, wie lange wir leben? Eine meiner Freundinnen, rundum gesund, ist inzwischen bei einem tragischen Unfall gestorben. Wer weiß schon, was morgen ist? Und bis dahin lebe ich!

Krankheit ist auch ein Motor

Ich bin zu der Erkenntnis gelangt: Ich habe es auch in der Hand. Mein Leben, meine Krankheit, meine Heilung. Ich kann viel für meine Gesundung tun. Gleichzeitig ist da irgendwer, irgendwas, was viel mächtiger ist als ich, nennen wir es Gott, nennen wir es das Universum oder Allah, es gibt viele Namen für das Eine. Und das habe ich nicht unter Kontrolle, ich brauche es gar nicht erst zu probieren. Das entlastet. Andererseits habe ich durchaus Einfluss auf mein körperliches und seelisches Wohlbefinden – und das macht stark. Das Leben ist nun einmal so widersprüchlich.

Entscheidend ist: Dieses Eine will, dass ich lebe und glücklich bin. Aber es will auch gehört und verstanden werden. Die alten Inder sagen, Krankheit ist die Sprache der Seele, die sich anders kein Gehör verschaffen kann. Das passt auf mich. Denn ich bin als Journalistin, Hausfrau und Mutter nur gerannt, habe mich ständig überfordert. Da hört man Kindergeschrei und Anordnungen von Vorgesetzten, Autoverkehr und Radiolärm – aber leider nicht die Seele. Ich wusste, das muss anders werden. Ich habe gelernt, Krankheit als Chance zu Veränderung zu sehen. Als Motor.

Probleme bringen Geschenke

Und es ist anders geworden. Ich habe vieles in meinem Leben verändert – Ernährung, Bewegung, Lebensort, Arbeitspensum, Stressverarbeitung, meine persönliche Lebensphilosophie ... Und ich – eine „Palliativpatientin" (vergessen Sie bitte die Schubladen, in die man Sie steckt) – bin fitter und glücklicher als je zuvor. Vielleicht ist der

Krebs ja gar kein fieser feiger Feind. Sondern ein Freund. Manchmal kann ich das tatsächlich so sehen.

Richard Bach, der Autor der „Möwe Jonathan", schreibt in seinem Buch „Illusionen": „Es gibt kein Problem, das nicht auch ein Geschenk für dich in den Händen trägt. Du suchst Probleme, weil du ihre Geschenke brauchst." Und geschenkt bekam ich irrsinnig viel, vor allem Liebe in einer Intensität, wie ich sie nicht für möglich gehalten hätte. Und die Kraft, aus meinem Hamsterrad auszusteigen und ein gesünderes und erfüllteres Leben zu beginnen.

Unsere Einstellung zum Leben, zur Krankheit spielt eine riesengroße Rolle im Gesundungsprozess. Der amerikanische Radiologe Carl Simonton beobachtete schon vor vielen Jahren, dass die Strahlentherapie bei optimistischen Patienten wesentlich besser anschlug als bei eher pessimistischen. Und er entwickelte das Simonton-Training, dem die Überzeugung zugrunde liegt, dass wir mit unserer Vorstellungskraft unsere Heilung unterstützen können. Wie lautete der erste Satz einer geschätzten Ärztin und Psychotherapeutin, als ich kurz nach der Erstdiagnose verzweifelt vor ihr saß? „Die Heilung, Frau Kübler, beginnt im Kopf."

Haben Sie gewusst, dass Sportler ihre Muskeln mit mentalem Training fast genauso gut aufbauen können wie mit tatsächlichem, körperlichem Training? Wir unterschätzen die (heilende) Kraft unserer Gedanken erheblich – Zeit zur Umkehr (mehr dazu in Kapitel 5)! Und meine zweite „Runde" hat mich gelehrt: Der innere Arzt sitzt im Herzen. Wir müssen fühlen, was gut für uns ist – und loslassen, was uns nicht gut tut.

Wir können etwas tun!

„In der Krise liegt die Chance" – zu dieser Aussage brauchen die Chinesen nur ein Schriftzeichen, das beides bedeuten kann. Finden Sie Ihre Chance in Ihrer Krise. Nehmen Sie Ihr Leben in die Hand! Es ist ein Geschenk und unendlich wertvoll, wie lange es auch dauern mag. Bei einer Krebserkrankung mögen Operation, Chemo- und Antihormontherapie sowie die Strahlentherapie unverzichtbar sein. Doch sie attackieren „nur" den Tumor. Das reicht meiner Auffassung nach nicht. Krebs ist eine komplexe Erkrankung und bedarf einer komplexen Behandlung, die Körper, Geist und Seele mit einbezieht. Stellen Sie sich Ihr Helfer-Team zusammen – von guten Freunden über kompetente Fachärzte, Onkologen und Radiologen, Psychotherapeuten und Komplementärmedizinern bis hin zu einer guten Qigong-Lehrerin und dem Bio-Gemüsehändler Ihres Vertrauens.

Öffnen Sie sich, schauen Sie voller Hoffnung, Neugier und Lebensmut in die Welt. Schon das allein kann Ihre Lebenszeit nicht nur verschönern, sondern auch verlängern. Und Sie werden sehen, dass Ihnen Bücher in die Hand fallen und Menschen über den Weg laufen, die Ihnen helfen können. Vielleicht finden Sie Ihren persönlichen Kraftort an einem See, im Wald oder auf einer Parkbank, Sie stolpern über einen Yogakurs, der Ihnen gut tut, oder finden „zufällig" ein Visitenkärtchen eines hervorragenden Akupunkteurs. Das Leben ist voller Wunder. An Zufälle glaube ich schon lange nicht mehr. Wir müssen bloß unsere Antennen ausfahren – es ist alles da. Wir müssen nur lernen, es auch wahrzunehmen.

Schließlich: Prüfen Sie Ihre Prioritäten. Was ist Ihnen wirklich wichtig im Leben? Schauen Sie, was Sie in diesem Leben verändern können, um gesund zu werden – oder mit Ihrer Krankheit ein erfülltes, schönes Leben zu führen. Albert Schweitzer hat einmal auf die Frage „Wer bin ich?" geantwortet: „Ich bin Leben, das leben will, inmitten von Leben, das leben will." Mit oder ohne Krankheit. Es ist eine Reise, die unglaublich spannend und bereichernd sein kann.

In drei Tagen durchs Jammertal

Ja, es gibt auch Rückschläge. Momente, in denen ich nur traurig und wütend bin. Mutlos. Verzweifelt. Eines meiner Vorbilder (ja, es ist sehr hilfreich, sich eines zu suchen) ist die wunderbare amerikanische Bestseller-Autorin Kris Carr, die seit 14 Jahren mit einer seltenen, schulmedizinisch nicht behandelbaren Krebserkrankung in Stadium IV (!) lebt. Drei Tage, sagt sie, gebe sie sich für den Weg durch ein solches Jammertal. Aber dann ist Schluss: Dann wird sich hübsch gemacht und in die Welt hinausgegangen – um zu leben und zu lernen (mehr dazu im dritten Kapitel).

Wieder und wieder möchte ich Sie dazu ermuntern, Dinge auszuprobieren, herauszufinden, was Ihnen guttut und in Ihrer Situation helfen könnte. Machen Sie sich auf Ihren Weg – zu mehr Gesundheit, zu mehr Lebensglück. Denn das ist wirklich in jeder Minute unseres Lebens möglich – bis zur allerletzten.

Kapitel 2
Der Krebs, meine Lieben und ich
Heilung im privaten Umfeld

Was hätte ich in meinen Krisenzeiten ohne meine Familie und Freunde getan? Ich weiß es nicht. Tatsache ist, dass die Beziehung zu meinem Mann durch die Krankheit sehr viel inniger geworden ist – so innig, dass wir nach der ersten Behandlung kirchlich und im Rahmen eines großen Festes unser Eheversprechen bekräftigt haben. Wir haben uns dazu entschieden, als ich nach einer beidseitigen Brustamputation glatzköpfig vor ihm stand. Ich bin und bleibe seine große Liebe, allen Widrigkeiten zum Trotz.

Ich weiß, dass nicht alle Männer so reagieren. Wenn ein Ehemann oder Freund plötzlich seine Frau oder Freundin ablehnt, weil ihr etwa eine Brust oder gar zwei Brüste fehlen – dann ist er ganz offensichtlich nicht der richtige Partner. War es vielleicht auch nie.

Manche Frauen sind alleinstehend und denken, sie seien tatsächlich allein. Aber sie sind es nicht, nie! Ich habe in der Chemotherapie eine Frau getroffen, deren Mann selbst krank war und keine Kraft hatte, sich um sie zu kümmern. „Ich habe überhaupt niemanden", klagte sie. Kurze Zeit später (!) betrat eine sympathisch aussehende Frau die Chemoambulanz und setzte sich zu ihr – eine liebe Kollegin war gekommen, um sie zu unterstützen. Es ist wie ein Wunder: Wenn wir wirklich Hilfe brauchen und uns dafür öffnen, kommt sie – vielleicht nicht so, wie wir es erwarten, aber sie kommt. Davon bin ich felsenfest überzeugt.

Wir müssen uns aber auch helfen lassen. Gerade wir Frauen geben ja immer gerne. Manche von uns müssen lernen, auch zu nehmen. Wann, wenn nicht dann, wenn wir zu Brustkrebspatientinnen werden?

Nehmen ist Geben!

Ich wusste manchmal gar nicht, wie mir geschah – aber ich konnte gar nicht anders als nehmen. Meine Freunde – was für eine Unterstützung! Das war das größte Glück meiner Krebserkrankung: zu sehen, welchen Freundesschatz ich besitze. Wie wichtig ich offenbar vielen Menschen bin. Das habe ich vorher nicht gewusst. Und es hat mich beflügelt, mir eine wahnsinnige Kraft gegeben. Ich habe einmal dieses Bild dafür gefunden: Ich laufe einen Marathon, querfeldein. Es ist eine furchtbare Strapaze. Doch es stehen überall Menschen an der Strecke, die mich anfeuern, mir Wasser reichen oder ein kaltes Tuch, die mir über Hindernisse hinweghelfen und mich aufrichten, wenn ich falle. Und die im Ziel mit offenen Armen auf mich warten.

Das Wasser, das Tuch, die haltende Hand – die habe ich ganz konkret im Alltag bekommen: Menschen haben sich um unsere Tochter gekümmert (vor allem in den Tagen nach einer Chemo-Ladung), haben für meine Familie gekocht und mir wunderbare Bücher geschenkt, haben mir Gesellschaft geleistet und mich zur Chemo gefahren, wenn mein Mann verhindert war. Noch viel wichtiger war allerdings die „ideelle" Unterstützung – in meinem privaten Blog.

Der Blog, mein Lebensretter

Das war die Idee des Jahrhunderts. Ich glaube, mein Mann hatte sie. Denn ich war überwältigt von der Anteilnahme in meinem Umfeld, fühlte mich aber völlig überfordert, auf all die vielen Anrufe, Briefe und E-Mails zu reagieren – zumal ich ja ständig das Gleiche erzählen musste. Es ist einfach, sich bei Google einen privaten Blog einzurichten; ich habe allen Interessierten eine Einladung geschickt, und los ging's.

Der Blog war mein wichtigster Lebensretter. Er war – und ist – meine Klagemauer, der Ort, an dem ich meine Erlebnisse erzähle und meine Erfahrungen teile. Er ist vor allem der Ort, an dem ich das, was ich erlebe, reflektiere und mich weiterentwickle. Denn das ist es doch, wofür wir auf der Welt sind – uns weiterzuentwickeln. Und da ist der Krebs ein irrer Katalysator.

Das Tollste dabei sind die Posts meiner Freunde. Sie gehen den oftmals dornigen Weg mit mir, bangen mit mir, machen mir vor allem immer wieder – sehr überzeugend! – Mut. Sie freuen sich über gute Blutwerte, zittern mit mir vor den Kontrollen, denken mit mir nach, lassen mich teilhaben an ihren eigenen Erfahrungen. Halten es aus, wenn ich verzweifelt bin – ich kann darauf bauen, dass spätestens eine Stunde nach einem solchen SOS-Post eine, wenn nicht mehrere, Reaktionen kommen. Was für wunderbare Worte und Bilder meine Freunde immer finden.

Dafür bin ich unendlich dankbar. Und der Witz ist: Sie sind es auch. Denn auch sie lernen aus meinem Schicksal, haben sich viele meiner existenziellen Fragen an mich und das Leben schließlich selbst gestellt. Und womöglich sogar etwas an ihrer eigenen Einstellung oder in ihrem Leben verändert. Soviel ich hier genommen habe – ich durfte auch geben. Wie schön.

Das ist meine Geschichte. Ihre ist natürlich eine andere. Vielleicht gehören Sie zu den Menschen, die Schwierigkeiten am liebsten alleine durchstehen. Oder die möglichst wenige Menschen einweihen, um „draußen" ein weitgehend normales Leben zu leben. Ich war immer sehr offen, auch meinem Arbeitgeber gegenüber, und es war durchweg gut so – für mich. Denn nur, wenn andere wissen, was wir brauchen, können sie reagieren – und uns etwas Gutes tun.

Kapitel 3
Überlebensgeschichten und Quantenphysik
Bücher, die Hoffnung machen

Bei vielen Krebspatientinnen wird die Krankheit sehr früh entdeckt. Wir wissen alle – hier sind die Heilungschancen sehr gut. Aber es gibt eben auch andere – die „Spätentdeckten" und/oder „Metastasierten" – wie ich eine bin. Und ich brauche Überlebensgeschichten eben von solchen Menschen.

Die eine erzählte mir eine Bekannte aus einem meiner Qigong-Kurse. Sie hat drei Kusinen – und alle hatten Brustkrebs. Entsetzt starrte ich sie an – aber sie lachte: „Keine Sorge, alle leben noch." Die beste Geschichte sei die ihrer ältesten Kusine. Mit Anfang dreißig verlor sie ihre erste Brust, 15 Jahre später die zweite. Nochmal zwei Jahrzehnte darauf dann eine riesige Lungenmetastase. „Das schafft sie nicht", sagten die Ärzte und operierten ihr schier einen kompletten Lungenflügel weg. „Diesmal hat sie keine Chance", sagte ihre Tochter. Ich weiß nicht, ob sie noch lebt, aber vor fünf Jahren hat die Totgeglaubte 90. Geburtstag gefeiert.

Ein Jugendlicher, 14 Jahre alt. Krebs im Endstadium. Seine verbleibende Lebenszeit bezifferten die Ärzte mit drei Monaten, wollten ihn nicht mehr behandeln. Seine Familie fand noch einen Professor an der Uniklinik Heidelberg, der es zumindest versuchen wollte: Operation, Chemotherapie, Bestrahlung. Der junge Mann wusste, dass er mitentscheidet, ob er lebt oder nicht, machte Psycho-

und Körpertherapien, trieb viel Sport, ernährte sich gesund, arbeitete an seiner positiven Lebenseinstellung. Heute ist er ein gut aussehender, durchtrainierter und erfolgreicher Unternehmensberater.

Schade, Ärzte haben mir solche Geschichten – mit einer Ausnahme – nicht erzählt. Meine Freunde sind ausgeschwärmt und haben Überlebensgeschichten für mich gesammelt. Es waren erstaunlich viele, die zusammengekommen sind – mehr, als man denkt.

Heilung ist immer möglich

Das zeigt auch das Buch „9 Wege in ein krebsfreies Leben" der amerikanischen Krebsforscherin Dr. Kelly Turner. Turner hat mehr als tausend Fälle von „Spontanheilungen" studiert, die sie nun „radikale Heilungen" nennt. Es gibt spontane „Über-Nacht-Heilungen", aber die meisten Patienten, die, wie man so schön sagt, „austherapiert" sind und dennoch lange überleben, arbeiten an ihrer Gesundung, und zwar wochen-, monate- oder jahrelang. Ach, das sind doch nur Ausnahmen, heißt es oft. Aber Turner sagt, dass auf einen in einer medizinischen Fachzeitschrift veröffentlichten „Fall" hundert unveröffentlichte kommen. Das heißt, Heilung bei „aussichtslosen Fällen" kommt häufiger vor, als man meint.

Für ihr Buch hat sie mit Ärzten, Heilpraktikern und Patienten in elf Ländern gesprochen. Die Ergebnisse hat sie in neun Ratschlägen zusammengefasst, die ich so wichtig finde, dass ich sie hier zitieren möchte: 1. Die Ernährung radikal umstellen, 2. Die Kontrolle über die Gesundheit übernehmen, 3. Der eigenen Intuition folgen, 4. Kräuter und Nahrungsergänzungsmittel nehmen, 5. Unterdrückte Emotionen loslassen, 6. Positive Emotionen verstärken, 7. Soziale Unterstützung zulassen, 8. Die spirituelle Verbindung vertiefen, 9. Starke Gründe für das Leben haben.

Und ich muss sagen, das kommt mir alles sehr vertraut vor ... und Ihnen auch, wenn Sie den „Beherzten Patienten" zu Ende gelesen haben. Muss also wohl was dran sein ...

Selbstheilungskräfte aktivieren!

Erstaunliche Heilungen und Heilungswege hat auch ein Wissenschaftsjournalist vom Hessischen Rundfunk binnen zwei Jahrzehnten Recherche zusammengetragen:

Joachim Faulstich: Das heilende Bewusstsein – Wunder und Hoffnung an den Grenzen der Medizin.

Ders., Das Geheimnis der Heilung – Wie altes Wissen die Medizin verändert.

Sehr spannend auch seine Filme zum Thema. Eine Geschichte ist mir besonders in Erinnerung geblieben: Eine junge Frau hatte eine Operationsnarbe, die einfach nicht heilen wollte, trotz ausgefeilten „Wundmanagements" durch einen versierten Chirurgen. Ihr Hausarzt schließlich, gerade von einer Fortbildung in manueller Therapie zurückgekehrt, wandte seine neu erlernten Fähigkeiten bei ihr an, indem er ihr seine Hände auflegte – und die Wunde verheilte (zu seinem eigenen Erstaunen) binnen weniger Tage. Bereits während der Behandlung habe die Patientin gemerkt, „dass sich ein Schalter umlege". Vor der Filmkamera um einen Kommentar zum Heilungserfolg seines Kollegen gebeten, zuckte der überaus sympathische Chirurg die Schultern und sagte seufzend: „Wer heilt, hat recht." (www.das-heilende-bewusstsein.de und www.das-geheimnis-der-heilung.de).

Ich liebe solche Geschichten – weil sie uns zeigen, dass es tatsächlich mehr gibt, als wir sehen, wissen, erklären, geschweige denn wissenschaftlich beweisen könnten. Und das macht mir Mut, weil es den Horizont des Möglichen erweitert – weit über gängiges Wissen, Statistiken und Prognosen hinaus. Wir müssen allerdings auch unsere Gedanken für dieses weite Feld der Möglichkeiten öffnen.

Gefesselt hat mich in diesem Zusammenhang auch

Clemens Kuby: Unterwegs in die nächste Dimension.

Unerwartet von einer Querschnittslähmung genesen, begab sich der mehrfach ausgezeichnete ARD-Dokumentarfilmer auf Weltreise und suchte die unterschiedlichsten Heiler auf. Seine These: Egal, wer sie wie anregt – entscheidend sind die Selbstheilungskräfte. Vielleicht muss die Schulmedizin den Körper erst einmal in die Lage versetzen, sich schließlich und endlich selbst zu heilen, vielleicht muss ein Schamane trommeln oder ein philippinischer Heiler zum Schein operieren. Entscheidend sei, dass der innere Schalter auf „Heilung" gestellt wird. Unter meinen Bekannten wird das Buch kontrovers diskutiert, mir und meiner an Multipler Sklerose erkrankten Freundin, die es mir schenkte, hat es extrem Mut gemacht. Und es entspricht der Erkenntnis des berühmten mittelalterlichen Arztes Paracelsus, der gesagt haben soll:

„Der Arzt verbindet deine Wunden. Dein innerer Arzt aber wird dich gesunden. Bitte ihn darum, sooft du kannst."

Sinngebung setzt Kräfte frei

Die eindrucksvollste Überlebensgeschichte ist für mich die des bereits erwähnten Wiener Psychiaters Viktor E. Frankl. Nein, er hatte keinen Krebs – aber als Jude die Konzentrationslager Auschwitz und Dachau überlebt. In seinem Buch „Und trotzdem Ja zum Leben sagen" schreibt er, wie die Gabe, einer noch so aussichtslosen Situation einen Sinn zu geben, schier übermenschliche Kräfte freisetzt. Eines der eindrucksvollsten Bücher, die ich je gelesen habe.

Das Beste zum Schluss, ganz besonders für jüngere Patientinnen: die ebenfalls schon erwähnte Kris Carr. Bei ihr, einer jungen, erfolgreichen US-Amerikanerin, wurde eine sehr seltene, schulmedizinisch kaum behandelbare Krebsart festgestellt. Das war vor 14 Jahren. Kris Carr ist bildschön, glücklich und körperlich fit. Sie „lebt und gedeiht" mit Krebs. In ihren fantastischen Büchern teilt sie ihre Erfahrungen und gibt viele, viele hilfreiche Tipps – vom Umgang mit den eigenen Gedanken bis hin zum grünen Gourmet-Smoothie. Toll zu lesen, stellenweise herrlich (selbst-)ironisch, wissend, witzig und wahnsinnig lehrreich. Frau mit Krebs muss sich nicht gramgebeugt durchs Leben schleppen. Es geht auch anders, „crazy, sexy cancer babes"! Der Titel des Buches, in dem sie auch vieles von dem zusammenfasst, was sie bereits geschrieben hat, ist Programm:

Kris Carr: „Wilde, schöne Krebskriegerin: Mein verrücktes Leben mit dem Krebs".

Googlen Sie nach ihr, schauen Sie sich zum Beispiel auf Youtube ihre tollen Interviews mit interessanten Ärztinnen und Therapeuten an, stöbern Sie auf ihrer Website herum, abonnieren Sie ihren Newsletter oder folgen Sie ihr auf Twitter. Während ihre Bücher auf Deutsch übersetzt sind, sind ihre Texte in den sozialen Netzwerken nur in Englisch zu haben. Wenn Sie kein Englisch sprechen, laden Sie eine Freundin, die es kann, zum Kaffee ein und lassen Sie sich das eine oder andere übersetzen. Ich finde: Es lohnt sich!

Hier gleich noch ein Tipp von Kris Carr: eine wunderbare DVD, leider auch nur in Englisch: „Breast Cancer: The Path of Wellness & Healing" bildet die schwirigen Erfahrungen von der Diagnose über die Behandlung bis zur Genesung ab. Mit der Verbindung der Medizin des Ostens und des Westens zeigt der Film anhand beeindruckender Beispiele, was wir mit integrativer beziehungsweise ganzheitlicher Medizin erreichen können.

Ihre Gedanken beeinflussen Ihre Zellen

Mutmachendes gibt es auch auf dem Gebiet der Naturwissenschaften – immer dann, wenn sie das, was wir denken und fühlen, auf eine wissenschaftliche Basis stellen. Kopf und Körper, Seele und Materie – zwei Seiten der gleichen Medaille. Das sagt zum Beispiel

Bruce Lipton: Intelligente Zellen: Wie Erfahrungen unsere Gene steuern.

Der Biochemiker erläutert, dass unser Denken und Fühlen manifeste Auswirkungen auf unseren Körper haben, bis in die kleinsten Zellen hinein (Sie erinnern sich an die sportlichen Trainingserfolge über mentales Training im ersten Kapitel). Mein Mann, studierter Biochemiker und Professor für Strukturbiologie, findet Liptons Thesen sehr nachvollziehbar und plausibel. Bewiesen sind sie (noch) nicht oder für manchen Naturwissenschaftler noch nicht hinreichend – das Gegenteil aber auch nicht. Mir hat das Buch unglaublich Mut gemacht und die Kraft gegeben, weiterhin an meinem (positiven) Denken und Fühlen zu arbeiten.

Darauf, dass unsere Art, die Welt zu sehen, zellverändernd wirken kann, weisen auch Erkenntnisse aus der Quantenphysik hin. Ulrich Warnke, bis zu seiner Pensionierung Physiker an der Universität des Saarlandes, hat dazu interessante Bücher geschrieben, zum Beispiel

Die geheime Macht der Psyche: Quantenphilosophie – Die Renaissance der Urmedizin.

Besonders beindruckt hat mich die Erkenntnis der Quantenphysik, dass sich auf dieser Ebene das Beobachtete mit den Gedanken und Erwartungen des Beobachters verändert. Und da ist sie, die Verbindung zu fernöstlichen Philosophien wie Daoismus, Buddhismus oder die alten Yoga-Philosophien (ja, Yoga ist nicht nur eine heilsame Gymnastik!), die dieser Klassiker aus den 70er Jahren zieht:

Frank Capra: Das Tao der Physik. Die Konvergenz von westlicher Wissenschaft und östlicher Philosophie.

Hier werden jahrtausendealte, fernöstliche Einsichten mit den Gesetzen der Quantenphysik erklärt. Faszinierend! Mit der Schnittstelle zwischen Spiritualität und Wissenschaft beschäftigt sich auch das Buch von

William Arntz, Betsy Chasse, Mark Vicente: Bleep,

das unter dem Titel „What the Bleep Do We Know?" zuvor als Film erschienen ist. Daran beteiligt war unter anderem Dr. Joe Dispenza, Biochemiker, Chiropraktiker, besondere Kenntnisse in Neurophysiologie. In seinen Vorträgen, Seminaren und Büchern erläutert er, wie Gehirn, Bewusstsein und Absicht gemeinsam Realität erschaffen. Er verbindet dabei Wissenschaft, Spiritualität – und eigenes Erleben, hat er sich doch selbst von einer unfallbedingten Wirbelsäulenverletzung geheilt ...

Die Gedanken sind frei!

Nun noch zur Psychologie, betrifft die Macht der Gedanken:

Ellen J. Langer: Counter Clockwise. Mindful Health and the Power of Possibility.

Ellen Langer, Psychologie-Professorin an der renommierten amerikanischen Harvard-Universität, hat Ende der siebziger Jahre eine Gruppe älterer Herren für eine Woche auf eine Zeitreise in das Jahr 1959 eingeladen. Nachdem die Herrschaften gesundheitlich untersucht worden waren, zogen sie in ein Haus, das im Stil der Fünfziger eingerichtet war, man aß typische Gerichte, hörte die Musik, sah entsprechende Filme und unterhielt sich nur über Dinge, die sich vor dem Jahr 1959 ereignet haben. Am Ende wurden alle Teilnehmer abermals untersucht – und viele der festgestellten Malaisen wie Schwerhörigkeit, Sehschwäche, Gehbehinderungen und vieles andere mehr hatten sich signifikant verbessert. Die Probanden hatten sozusagen einen Verjüngungsprozess durchlaufen – obwohl sie wussten, dass dies ein Spiel, ein Experiment war! Langer kritisiert vehement festgefahrene Denkmuster, die uns unnötig einschränken und in Gesundungsprozessen behindern. Stattdessen wirbt sie dafür, sich von Mustern und Statistiken zu lösen und achtsam seinen individuellen Weg durch das Universum schier unbegrenzter Möglichkeiten zu bahnen - auch und gerade in der Medizin.

Und damit wären wir von praktischen Lebenserfahrungen über die Naturwissenschaften und die Psychologie bei der Philosophie und der Religion angelangt. Ich bin Christin und als solche erzogen. Ich glaube an Gott und fühlte mich in der Kirche zuhause. Bis ich krank wurde.

Das, was ich nun schreibe, lässt sich diskutieren. Es ist auch nur meine persönliche Ansicht. Aber ich habe in den fernöstlichen Philosophien viel mehr Trost und Kraft gefunden als in meiner christlichen Religion. Während mir meine Kirche eher vermittelt, dass Gott hier und ich da, Gott oben und ich unten, wir aber in jedem Falle irgendwie getrennt sind, lerne ich aus den fernöstlichen Philosophien, dass es hier keine Trennung gibt. Ich bin ein göttliches Wesen und damit ungleich stärker als das sündige schwache Menschlein, das meine Kirche in mir sieht. Und ich kann die Welt – und mich – verändern. Und heilen – oder zumindest zu meiner Heilung wesentlich beitragen.

Der Lebensstil zählt

Der Autor, der mir das zunächst vermittelt hat, ist der indischstämmige US-Amerikaner Deepak Chopra. Googeln Sie den Internisten, Ayurveda-Arzt und Meditationslehrer – er hat mehr als sechzig Bücher veröffentlicht und ist New-York-Times-Bestseller-Autor. Er leitet ein Institut und Sanatorium in Kalifornien und ist in den Medien, vor allem den sozialen Netzwerken, unglaublich aktiv. Von Vorträgen über Seminare, Webinare und Kuren bis hin zu (kostenlosen) „21-Day-Meditation-Challenges" im Internet bietet er Tausende interessante Dinge an.

Sein Credo: Unser Lebensstil (Ayurveda ist ein Lebensstil) und unser Denken beeinflussen maßgeblich unser Leben – und damit auch unsere Gesundung! Vor allem die Meditation propagiert er als DEN Weg zu mehr Glück und Gesundheit. Er arbeitet mit herausragenden Wissenschaftlern und Ärzten zusammen und führt derzeit, unter anderem in Zusammenarbeit mit der renommierten Harvard-Universität, eine Studie zu ganzheitlicher Medizin durch. Erste Ergebnisse besagen, dass sich eine Kombination aus Ernährungs-, Entspannungs- und Bewegungstherapien sogar auf unsere Gene auswirkt (dieser junge Forschungszweig heißt „Epigenetik")! Chopra bietet tatsächlich unendlich viele Ressourcen: Schauen Sie ihn sich im Internet an, auf Facebook oder Twitter (auf Englisch). Ich habe mit

Deepak Chopra: „Heilung"

begonnen und bin ein großer Fan geworden. Von diesem Mann bin ich schlichtweg zutiefst beeindruckt.

Last, but not least, meine persönliche Bibel:

Richard Bach: „Illusionen".

Bach ist bekannter als Autor der „Möwe Jonathan". In „Illusionen" zeigt eine Jesusfigur in Person eines Piloten einem Schüler, welche Kräfte und Möglichkeiten in ihm stecken – hier findet sich viel aus den fernöstlichen Philosophien wieder, sehr spannend und anschaulich geschrieben. In meinen Augen das größte Mutmachbuch, das es auf Erden gibt!

Kapitel 4
Osteopathie, Akupunktur & Co
Hilfreiche ganzheitliche Therapien

„Ganzheitlich" ist im Zusammenhang mit medizinischer Behandlung ein inzwischen recht überstrapazierter Begriff. Dennoch fällt mir kein besserer ein.

Die Medizin ist immer Teil der Zeitgeschichte und der Gesellschaft, die diese Geschichte schreibt. Seit der Aufklärung werden Körper, Geist und Seele, Materielles und Immaterielles getrennt, im Denken wie im Tun. Das hat seine Gründe, hat eine wissenschaftliche, technische und digitale Revolution ermöglicht, die unser Leben prägt und in vielerlei Hinsicht erleichtert und schöner macht. Auch in der Medizin sind fantastische Behandlungsformen entwickelt worden, die vielen Menschen – die Zugang dazu haben – das Leben retten oder mindestens verlängern. Insbesondere in der Akutmedizin ist die westliche Medizin unschlagbar.

Ich allerdings gehe davon aus, dass Körper, Geist und Seele untrennbar miteinander verbunden sind. Alle drei Faktoren spielen sowohl bei Erkrankungen als auch beim Gesundwerden eine Rolle. Sind Geist und Seele krank, kann der Körper nicht dauerhaft geheilt werden. Dass sich beispielsweise körperliche Betätigung in der Natur positiv auf unsere Psyche auswirkt oder tief empfundenes Glück auf den Körper, ist heute schon ein alter Hut.

In der konventionellen Krebsbehandlung spielt weitgehend nur der Körper eine Rolle. Eigentlich wird noch nicht einmal der ganze Körper, sondern vor allem der Tumor behandelt. Er wird operiert, bestrahlt, mit Chemotherapie traktiert. Wenn man aber davon ausgeht, dass Krebs eine chronische Erkrankung ist, also binnen vieler Jahre entsteht und uns dann noch viele Jahre, vielleicht sogar lebenslang, begleiten kann, müssen zunächst der ganze Körper, schließlich auch Geist und Seele in die Behandlung einbezogen werden.

Dass die „Schulmedizin" dieses langsam erkennt, sieht man an der Entwicklung einer jungen, interdisziplinären „Psychoneuroimmunologie": Dieser umständliche Name bezeichnet die Erforschung der komplexen wechselseitigen Beeinflussungen von Körper und Geist, Gedanken, Nerven- und Immunsystem. Bereits an vielen Krebszentren anerkannt und praktiziert ist die Psycho-Onkologie, eine spezielle Form der Psychotherapie. Allerdings deutet schon ein Begriff wie „Brustzentrum" darauf hin, dass hier eben nicht die ganze Frau, sondern weitgehend nur ihre Brust betrachtet wird.

Ich halte die Arbeit der zertifizierten Brust- bzw. Krebszentren für überlebenswichtig. Ich selbst habe sämtliche angebotene Behandlungen durchlaufen und bin überzeugt davon, dass ich bei meiner späten Diagnose keine andere Wahl hatte. Und ich bin den Ärzten und Ärztinnen dankbar, die mich nach bestem Wissen und Gewissen behandelt haben und immer noch behandeln.

Integrative Onkologie

Gleichzeitig bin ich zu der Überzeugung gelangt, dass das nicht reicht. Ich bin eine engagierte Verfechterin der integrativen Medizin bzw. Onkologie. Leider ergehen sich viele Mediziner noch in Grabenkämpfen zwischen Schul- und Komplementärmedizin, also ergänzenden, ganzheitlichen Methoden wie etwa Ayurveda oder die Chinesische Medizin. Ich finde das skandalös, hat doch jedes Heilsystem Stärken und Schwächen. Warum nicht die verschiedenen Stärken zum Wohle des Patienten kombinieren? Glücklicherweise entstehen hier und da entsprechende Angebote. Zum Beispiel die Klinik für Naturheilkunde und integrative Medizin unter Leitung von Professor Dr. Gustav J. Dobos an den Kliniken Essen Mitte. Dobos ist auch Autor mehrerer Bücher, zum Beispiel „Gemeinsam gegen Krebs. Naturheilkunde und Onkologie" (mit Dr. Sherko Kümmel).

Wichtige Studien im Zusammenhang mit Krebs und Naturheilkunde hat auch Professor Dr. Josef Beuth aus Köln auf den Weg gebracht und die Ergebnisse in sehr alltagstauglichen Büchern verwertet, zum Beispiel „Gut durch die Krebstherapie" oder „Krebs ganzheitlich behandeln". Die bekannte Autorin Annette Rexrodt von Fircks, eine Brustkrebs-Überlebende, arbeitet eng mit ihm zusammen. Sehr beachtenswert ist übrigens ihre Stiftung zur Unterstützung krebskranker Mütter und ihrer Kinder (www.rexrodtvonfircks.de).

Ein weiterer integrativer Onkologe – mein Onkologe – ist der Privatdozent Dr. med. Nils Thoennissen (neue Wirkungsstätte unter www.der-beherzte-patient.de). Er ist ein exzellenter Onkologe, stets auf dem neuesten Stand der Wissenschaft und ein wahrhaft ganzheitlich arbeitender Arzt, der Körper, Geist und Seele zusammen sieht und behandelt. Jede Krebserkrankung ist hoch individuell, sagt er, und erarbeitet gemeinsam mit dem Patienten einen ebenso individuellen Behandlungsplan, für den er auch auf ein Netzwerk hervorragender Ärzte und Therapeuten zurückgreift. Darin liegt meiner Ansicht nach die Zukunft der Onkologie – und der Medizin schlechthin.

Leider habe ich Dr. Thoennissen erst vor einem Jahr kennengelernt – und bereits zuvor mein eigenes Netzwerk aufgebaut, mit dem ich die klassische schulmedizinische Behandlung flankiert habe. Dabei habe ich mich in komplett unterschiedlichen Welten bewegt. Während die komplementär arbeitenden Ärzte und Therapeuten immer offen für eine Zusammenarbeit mit dem klassischen Onkologen waren, war das umgekehrt leider nicht der Fall. Umso mehr freue ich mich, endlich einen integrativen Onkologen gefunden zu haben, mit dem ich meine Behandlung ganzheitlich-integrativ besprechen kann.

In Bayern gibt es unter anderem die Klinik Silima, die im Rahmen integrativer Onkologie Tumorpatienten auch mit Chinesischer Medizin behandelt. Hier kann ich nicht von eigenen Erfahrungen berichten, habe aber schon verschiedentlich Gutes vor allem von dem dort wirkenden Konsiliararzt, dem integrativen Onkologen Prof. Dr. med. Petro E. Petrides aus München, gehört und gelesen: www.klinik-silima.de und www.onkologiemuenchen.de. Weitere Adressen finden Sie bei der Gesellschaft für biologische Krebsabwehr unter www.biokrebs.de.

Im Folgenden führe ich die bekanntesten komplementären Ansätze auf. Vieles habe ich selbst ausprobiert: Akupunktur, Osteopathie, Homöopathie, Tibetische und Chinesische Medizin sowie Ayurveda und die klassischen komplementären Krebsbehandlungen wie Hyperthermie, Ozon-Sauerstoff-Behandlung und andere Therapien. Ich versuche, auf meinen Körper, auf mein Gefühl zu hören, was gerade für mich richtig ist. Was mich seit der Erstdiagnose begleitet, ist die Akupunktur. Die anderen Verfahren nehme ich mal hier, mal da in Anspruch. Am wichtigsten ist mir, nicht nur meine Krankheit zu bekämpfen, sondern auch meine gesunden Anteile zu stärken. Und dafür sind die komplementären Ansätze besonders geeignet.

Das liebe Geld

Dass ich manches nicht dauerhaft anwende, hat auch finanzielle Gründe. Denn als gesetzlich versicherte Kassenpatientin muss ich fast alles aus eigener Tasche bezahlen. Meine Krankenkasse erstattet wenigstens die Homöopathie bei ausgewählten Ärzten (allerdings nicht bei denen, denen ich vertraue) und gewährt einen Zuschuss zu osteopathischen Behandlungen. Akupunktur wird nur bei Knie- und Rückenerkrankungen, in seltenen Fällen auch bei Migräne erstattet. Das wär's dann. Die Kosten für so manches Kleidungsstück, so manchen Urlaub, so manchen Restaurantbesuch habe ich gespart und stattdessen in eine komplementäre Behandlung investiert. Manches kann ich mir schlicht nicht leisten. Allerdings ist vieles auch erschwinglich – die Anamnese bei einem klassischen Homöopathen kostet um die hundert Euro, die verabreichten Globuli schlagen aber nur noch mit ca. 8 bis 20 Euro und nachfolgende Kurztelefonate mit je 10 Euro zu Buche. Eine Zusatzversicherung für Heilpraktiker kann dies oder jenes abdecken.

Ich weiß, es gibt Patienten, die haben das Geld weder für günstige komplementäre Behandlungen noch für eine weitere Versicherung übrig. Aber die Lektüre dieses Büchleins wird zeigen, dass es dennoch Möglichkeiten gibt, sich ganz ohne Geld etwas Gutes zu tun. Qigong-Kurse werden beispielsweise von den meisten Kassen übernommen, und wer's mal kann, übt's einfach alleine zuhause. Meditieren ist umsonst, und Tees mit Kräutern aus dem eigenen Garten oder aus dem Blumenkasten auch. Ayurvedische Ölbehandlungen kann man selbst anwenden, und was wir essen, suchen wir uns auch selbst aus. Joggen oder Spazierengehen ist gratis, in der Sonne sitzen und zehn Minuten tief atmen auch. Das ist schon ziemlich viel.

Nach diesem Exkurs ins Finanzielle nun eine Übersicht über komplementäre Verfahren – die sich, so unterschiedlich sie scheinen, im Grundsatz doch sehr ähneln.

Die Beschreibung dieses gemeinsamen Nenners habe ich von meinem Osteopathen, Sebastian Müller in Friedrichsdorf (www.osteofriedrichsdorf.de), übernommen, auch wenn er den Absatz auf die Osteopathie gemünzt hat:

„Gesundheit ist kein Ziel, das wir erreichen, sondern eine Art Gleichgewicht, das unser Körper halten will. Das ist gar nicht so einfach, denn unser Körper ist ständig inneren und äußeren Einflüssen ausgesetzt, die ihn aus diesem Gleichgewicht bringen. Solange unser Körper dieses Gleichgewicht halten kann, sprechen wir von Gesundheit. Geht dieses Gleichgewicht verloren, dann erkranken wir. Doch selbst wenn wir erkranken, gibt unser Körper nicht auf, sondern versucht, wieder gesund zu werden, also ein neues Gleichgewicht herzustellen."

Und dabei helfen all die hier beschriebenen Therapien und medizinischen Systeme – auf ihre Weise. Vor allem geht es darum, den Körper in die Lage zu versetzen, sich selbst zu heilen. In dieser Hinsicht sind sie von der Schulmedizin gar nicht so weit weg. Auch Pillen und Operationen haben diese Funktion.

Die komplementären Verfahren betonen allerdings die Rolle des Patienten stärker. Wenn Sie zu einem Komplementärmediziner sagen: „Machen Sie mich gesund", wird er oder sie nur milde lächeln und Ihnen klarmachen, dass das so nicht geht, sondern nur im Team, in der vertrauensvollen Zusammenarbeit zwischen Arzt und Patient. Kürzlich las ich in einer Zeitschrift etwas über renommierte Krebskliniken. Auf der Titelseite ein Foto mit einem futuristisch anmutenden CT-Gerät und der Zeile: „Hier wird der Krebs besiegt." Das halte ich schlicht für gelogen. Richtig heißt es: „Hier wird der Krebs bekämpft." Besiegen kann ihn nur der Patient selbst – mit Gottes Hilfe.

Ich habe für mich herausgefunden, dass zwar die Art der komplementären Therapie eine wichtige Rolle spielt – aber noch wichtiger ist der Therapeut, der dahinter steht. Wenn ich zu ihm ein gutes Verhältnis habe, wenn Chemie und Kompetenz stimmen und er einen fairen Preis verlangt, dann sind die Türen für einen Behandlungserfolg geöffnet.

Chinesische Medizin

„Das große Anliegen der Chinesischen Medizin ist die Pflege des menschlichen Lebens und die Bewahrung der

Bedingungen, unter denen es wachsen und gedeihen kann. Ihr liegt mit dem Daoismus eine Weltanschauung zugrunde, nach der der Mensch Teil einer ungebrochenen Ganzheit ist, also alles mit allem verbunden ist: Menschen, Tiere, Pflanzen, der Kosmos bilden eine Einheit, alles entwickelt sich über Wechselwirkungen und Beziehungen. Gelenkt werden sie durch die Energie alles Lebendigen, das Qi (gesprochen: Tschi).

Weil alles miteinander verwoben ist, behandelt der Arzt für Chinesische Medizin nicht etwa ein erkranktes Organ allein, sondern sieht es in Wechselwirkung mit sämtlichen Körperfunktionen, dem Geist und der Seele.

In der chinesischen Tradition übernimmt der Arzt die Rolle eines Lehrenden: Er sieht seine Rolle nicht darin, einen passiven Patienten eine an medizinischen Leitlinien orientierte Therapie angedeihen zu lassen, sondern gemeinsam mit ihm nach der individuellen Ursache des Leidens zu forschen und mittels chinesischer Behandlungsverfahren eine Verbesserung der Beschwerden oder gar eine Heilung herbeizuführen. Darüber hinaus stattet er den Patienten mit Wissen und Werkzeugen aus, die ihn befähigen sollen, seine Lebensenergie zu stärken und damit auch selbstständig gegen seine Beschwerden vorzugehen.

Die Chinesische Medizin ist auch eine vorbeugende Medizin. Früher wurden chinesische Ärzte dafür bezahlt, dass ihre Patienten gesund blieben – wenn jene erkrankten, wurde dem Arzt Versagen vorgeworfen.

Die Chinesische Medizin, oft auch „Traditionelle Chinesische Medizin" (TCM) genannt, umfasst verschiedene

Behandlungsverfahren. Im Wesentlichen ruht sie auf fünf Säulen:
- Akupunktur,
- Arzneimitteltherapie,
- Ernährungslehre,
- der manuellen Therapie Tuina
- und der Bewegungsmeditation Qigong."
(www.hammes-akupunktur-neurologie.de)

Mein Urteil: Ich glaube an die Wirksamkeit Chinesischer Medizin und habe sie auch schon körperlich spüren können. Ich habe bereits chinesische Kräuter genommen und mich vor allem zur Qigong-Lehrerin ausbilden lassen (mehr dazu in Kapitel 6). Dass ich so gut durch Chemotherapie und Bestrahlung gekommen bin, schreibe ich zumindest teilweise der regelmäßigen Akupunktur zu. Im Zusammenhang mit Chemotherapie wird sie immer wieder als gute Methode zur Reduzierung von Übelkeit genannt. Das kann ich bestätigen – aber die Akupunktur kann noch so viel mehr. Deshalb hier noch ein eigener Absatz dazu:

Akupunktur

„Der lateinische Ausdruck bezeichnet das Stechen von Nadeln (acuspungere). Der in China gebräuchliche Ausdruck ‚Zhen-jiu' meint die Akupunktur und Moxibustion, also neben dem Nadelstechen auch die Wärmebehandlung mit über der Haut abgebrannten Naturstoffen, meist Beifußkraut. In China werden Akupunkturpunkte auch mit Mikroaderlass und Schröpfen behandelt. In der westlichen Welt findet zudem die Laserbehandlung zunehmend Anwendung.

Während für die westliche Medizin Gesundheit messbar ist, etwa im Cholesterinwert oder im Blutdruck, wird sie aus chinesischer Sicht von der Lebensenergie Qi bestimmt, die auf Energiebahnen, den Meridianen, durch den Körper strömt und an mehr als 700 Punkten die Hautoberfläche berührt. Fließt die Qi-Energie harmonisch, ist der Mensch gesund. Krankheit und Schmerz sind dagegen Ausdruck von Disharmonien im Qi-Fluss.

Das Ziel aller therapeutischen Maßnahmen in der Chinesischen Medizin, also auch der Akupunktur, ist es, gestörte Energien zu normalisieren: Die auf den Meridianen liegenden Akupunkturpunkte werden mittels feinster Nadeln angeregt, der aus dem Takt geratene Energiestrom wird reguliert. Jeder dieser Punkte steht in Verbindung mit einem bestimmten Organ oder Organkreis und hat eine genau definierte Heilwirkung. Das erkrankte Organ wird also nicht, wie in der westlichen Medizin, direkt behandelt, sondern indirekt über die Akupunkturpunkte beeinflusst. Deren Reflexwirkung balanciert die Energie der Organe aus und regt diese zur Selbstheilung an." (www.hammes-akupunktur-neurologie.de)

Mehr dazu zum Beispiel bei der Deutschen Ärztegesellschaft für Akupunktur unter www.daegfa.de. Hier gibt es auch eine Liste qualifizierter Akupunkteure in Ihrer Nähe.

Empfehlen kann ich Dr. med. Michael Hammes in Bad Homburg, dessen Website ich auch die Ausführungen zu Chinesischer Medizin und Akupunktur entnommen habe. Er ist zwar Neurologe, kennt sich aber als in China ausgebildeter Arzt auf vielen fachärztlichen Gebieten aus und arbeitet auch mit anderen Fachärzten zusammen. Mehr lesen Sie in meinem Interview mit ihm im zweiten Teil des Büchleins.

Natürlich sind zu Akupunktur zahllose Bücher geschrieben worden. Dr. Hammes empfiehlt Interessierten vor allem einen Film – leider wieder nur auf Englisch. „9000 Needles" (9000needles.com) handelt von einem Mann, der einen schweren Schlaganfall erlitten hatte und in der größten Akupunkturklinik Chinas in Tianjin (mit der Dr. Hammes wiederholt zusammengearbeitet hat) erfolgreich behandelt wurde. Allerdings macht der Film deutlich, dass es mitnichten nur die Nadeln waren, die zu seiner Gesundung beitrugen: Es waren vor allem auch der Mut des Patienten, seine Entschlossenheit und die Unterstützung seiner Familie und Freunde.

Tibetische Medizin

„Körper, Seele und Geist bilden während des Lebens eine untrennbare Einheit. Damit haben jedes Organ und jede körperliche Funktion auch geistige Aspekte und umgekehrt. Die eigentliche entfernte Krankheitsursache sieht die Tibetische Medizin im Geist. So haben die sogenannten ‚drei Säfte', die für das körperliche und seelische Gleichgewicht sorgen, ihren Ursprung in geistigen Fehlhaltungen, die fester Bestandteil menschlicher Existenz sind. Die Einbeziehung seelischer und geistiger Aspekte zeichnet die ganzheitliche Herangehensweise Tibetischer Medizinpraxis aus. Hauptsächliches Diagnoseverfahren ist die Pulsdiagnostik, Schwerpunkte der Therapie sind Kräutergaben und die Ernährung." (www.tibetischemedizin-praxis.de)

In Bad Homburg kenne ich mit Sonja Maric, deren Website ich diese Erläuterung entnommen habe, eine gut ausgebildete Heilpraktikerin. Ihr Lehrer, der tibetische Arzt Dr. Pasang Y. Arya T. Sherpa, hat sein Institut in Mailand: www.newyuthok.it.

Mein Urteil: Ich habe Dr. Arya nur einmal wegen meiner Krebserkrankung konsultiert, mich danach auf die Chinesische Akupunktur konzentriert. Aber ich kenne ihn schon seit längerem, unter anderem hat er mich mit Hilfe von Kräutermedizin und einer Ernährungsumstellung von dauerhaften Magenbeschwerden befreit. Außerdem ist dieser Arzt einfach eine beeindruckende Persönlichkeit.

Ayurveda

„Seit ungefähr 15 Jahren entfaltet sich Ayurveda auch in den modernen Industrienationen. Die Nachfrage in der Bevölkerung wächst nicht nur wegen guter klinischer Ergebnisse stetig. Von der WHO als medizinales System anerkannt, fußt sie auf einer Jahrhunderte langen Tradition, die sich über Generationen verfeinert und bewährt hat.

Der Grundansatz der ayurvedischen Medizin nimmt den Patienten als Individuum wahr und bindet ihn eigenverantwortlich in den Gesundungsprozess ein. Prävention und Psychosomatik bilden tragende Säulen. Durch die intelligente Kombination vielfältiger naturheilkundlicher Maßnahmen können mit Ayurveda Erfolge bei Erkrankungen erzielt werden, die in der Schulmedizin als schwer behandelbar gelten und deren Therapie einen hohen Kostenaufwand oder akkumulierende Nebenwirkungen nach sich ziehen.

Besonders chronische Erkrankungen und funktionelle Störungen mit psychischer Komponente sprechen auf die ayurvedische Therapiepalette an. Bei schweren Erkrankungen verspricht die Kombination von schulmedizinischen und ayurvedischen Verfahren die besten klinischen Ergebnisse. Dabei stehen immer der Einsatz der eigenen geschulten Sinne, die individuelle Abstimmung auf den Patienten und seine Konstitution, die Eigenverantwortung des Patienten, die Vorbeugung, die ursachenorientierte Therapie und der Einsatz angemessener Mittel im Vordergrund." (www.rosenberg-ayurveda.de)

So erklärt das Ayurveda- und Kurzentrum Rosenberg im Vogelsberg dieses komplexe, jahrtausendalte medizinische System. Ein Bekannter von mir hat dort seine Ausbildung zum Ayurveda-Therapeuten absolviert und ist begeistert von dieser Institution und den Menschen, die dort arbeiten.

Als meine Behandlung nach der Erstdiagnose beendet war, wusste ich, dass ich keine gewöhnliche Kur machen wollte. Auch die von den Kassen anerkannten Häuser, die komplementär arbeiten, gefielen mir nicht. Ich wollte eine Ayurveda-Kur machen. Noch lieber eine im Rahmen der Chinesischen Medizin, aber das gibt es in Deutschland nicht; es gibt lediglich Krankenhäuser. Ich habe schnell gelernt: Was ich gerne möchte, ist das eine, was möglich ist, ist etwas anderes.

Durch „Zufall" erfuhr ich von einem kleinen ayurvedischen Kurzentrum in Pfedelbach bei Heilbronn. Meine Wahl fiel vor allem deshalb darauf, weil es überhaupt noch bezahlbar war. Es gibt noch andere gute Adressen neben der Rosenberg-Klinik, die Ayurveda-Kliniken in Kassel zum Beispiel oder in Bad Ems. Von der Heimat Ayurvedas, Indien, ganz zu schweigen.

Mein Urteil: Ich möchte dieses Heilsystem gerne anhand eines handfesten Beispiels beurteilen – dem AUM-Kurzentrum in Pfedelbach, da ich dort das meiste, was ich über Ayurveda weiß, gelernt habe. Eine Einschränkung vorweg: Das Zentrum ist nicht für akut kranke Menschen geeignet, da es dort „nur" erfahrene Heilpraktiker und Ayurveda-Therapeuten gibt, aber keine Ärzte. Deshalb auch der im Vergleich „bescheidene" Preis. Meine Erfahrungen dort sind allerdings unbezahlbar. Welch ein wunderbarer Ort! Ich habe dort bereits zweimal eine klassische Entgiftungs- oder „Panchakarma"-Kur gemacht, eine Kombination aus einer speziellen Diät, Heilmassagen, Meditation, Yoga und einem Ausleitungsverfahren.

Medizin für Körper, Geist und Seele, kann ich da nur sagen. Das Zentrum ist eher ein „Zentrümchen", viel mehr als zwanzig Kurgäste kann es nicht aufnehmen. Und was das für Gäste sind – einzigartig. Ich habe viele sympathische, kluge Menschen getroffen, die gerne lachten, mindestens zehn Jahre jünger aussahen, als sie waren – und dabei unfassbare Schicksale hinter sich hatten. Häufig mit schwersten Krankheiten (natürlich auch Krebs) geschlagen, saßen sie strahlend vor mir und waren die besten Vorbilder, die man sich denken kann. Ja, um dort glücklich zu sein, muss man eine spirituelle Ader haben, zumindest offen sein für solche Ansätze. Wenn Sie sich das vorstellen können, lesen Sie mein Interview mit dem Leiter Ravidas Korn oder verbringen sie dort einmal ein Wochenende: www.ayurvedakuren.de.

Mehr Informationen zu Ayurveda außerdem unter www.ayurveda.de. Für englischsprachige Menschen ist auch der in Kapitel 3 ausführlich besprochene Deepak Chopra eine unerschöpfliche Quelle: www.chopra.com.

Osteopathie

„Der Ansatz der Osteopathie ist einfach: Leben zeigt sich in Form von Bewegung. Dort, wo Bewegung verhindert wird, macht sich Krankheit breit. Die Osteopathie kennt alle kleinen und großen Bewegungen des menschlichen Körpers. Sie hilft mittels einer manuellen Therapie, Bewegungseinschränkungen aufzuspüren und zu lösen."

Das schreibt der bereits erwähnte Sebastian Müller, Physiotherapeut, Heilpraktiker und Osteopath, auf seiner Website.

Mein Urteil: Ich kann nur sagen – dieser Mann hat heilende Hände. Ich genieße diese intensiven Berührungen, die jedes Mal spürbare körperliche Reaktionen auslösen – zur Wiedererlangung der inneren Balance. Er beherrscht auch die so genannte bioenergetische Osteopathie – dabei behandelt er mich manchmal eine Stunde lang, ohne mich zu berühren. Und in meinem Körper ist der Teufel los. Faszinierend.

Weitere gut ausgebildete Osteopathen finden Sie auf den Internetseiten der entsprechenden Verbände, zum Beispiel bei www.osteopathie.de.

Homöopathie

Viele von Ihnen haben sicher als Eltern (oder Kinder) die kleinen weißen Kügelchen kennengelernt, die Globuli. Sie wirken gerade bei kleinen Kindern oft erstaunlich gut. Hier die Wikipedia-Definition der Homöopathie:

„Die Homöopathie ist eine alternativmedizinische Behandlungsmethode, die auf den ab 1796 veröffentlichten Vorstellungen des deutschen Arztes Samuel Hahnemann beruht. Ihre namensgebende und wichtigste Grundannahme ist das von Hahnemann formulierte Ähnlichkeitsprinzip: ‚Ähnliches soll durch Ähnliches geheilt werden' (similia similibus curentur, Hahnemann). Danach solle ein homöopathisches Arzneimittel so ausgewählt werden, dass es an Gesunden ähnliche Symptome hervorrufen könne wie die, an denen der Kranke leidet, wobei auch der ‚gemüthliche und geistige Charakter' des Patienten berücksichtigt werden solle."

Ich persönlich achte darauf, dass ich es mit einem klassischen Homöopathen zu tun habe. Hier steht, im Gegensatz zur gängigen, oft mitpraktizierten Homöopathie, die Persönlichkeit des Patienten im Mittelpunkt. Wenn etwa ein Allgemeinarzt auch homöopathische Mittel verabreicht, zielen diese zumeist auf ein bestimmtes Leiden (zum Beispiel Arnika bei Stoßverletzungen). Der klassische Homöopath sucht nach einem Medikament, das Ihrer Persönlichkeit bzw. Ihrem individuellen Symptombild entspricht. Leider wird gerade genau diese Richtung, die nah beim Begründer dieser Heilmethode bleibt, von den Kassen oft nicht übernommen.

Ein in Frankfurt bekannter klassischer Homöopath, der auch mit Frankfurter Krankenhäusern zusammenarbeitet, ist Dr. med. Bernd Rommel.

Mein Urteil: Ich glaube an die Wirksamkeit dieser Heilmethode und wende sie, nach Rücksprache mit meinem Homöopathen, immer wieder an. Mit Erfolg!

Mehr Infos gibt es unter anderem bei der Deutsche Homöopathie-Union: www.dhu.de.

Biologische Krebstherapie

Sie haben sicher schon von Verfahren wie Hyperthermie oder Ozon-Sauerstoff-Therapie gehört. Das sind Methoden, wie sie von der Gesellschaft für biologische Krebsabwehr unter www.biokrebs.de sehr ausführlich beschrieben werden.

Auch das habe ich ausprobiert – nach meinem Rezidiv. Ich habe mich in der Praxisklinik Dr. Schuppert in Bonn (www.praxisklinikbonn.de) einer zweiwöchigen Kompaktkur unterzogen, mit Hyperthermie, Ozon-Sauerstoff-Behandlung, Infusionen unter anderem mit Vitamin C und anderen Vitaminen und Mineralien sowie Laser-Blut-Therapie. Das alles nach ausführlicher Anamnese und Diagnostik. Credo: Mit teils ungewöhnlichen Diagnostikverfahren wie Biopulsar- und Bioresonanztests selbst die kleinsten Unzulänglichkeiten des Körpers herausfinden und mit naturheilkundlichen Methoden behandeln, um das Immunsystem zu stärken. Grundsätzlich verfolgt Dr. Schuppert (Arzt für Allgemeinmedizin) einen integrativen Ansatz, das heißt, es werden dort auch schulmedizinische Verfahren wie etwa Chemotherapie angewandt.

Mein Urteil: ist gemischt. Das hat zum einen persönliche, zum anderen aber auch finanzielle Gründe. Fest steht: Bei der Kontrolle unmittelbar nach der Kur waren meine Tumormarker im Keller und das ärgerliche Wasser im Bauch aufgrund der Bauchfellkarzinose „verdampft" (ob es das war oder das Chemo-Medikament oder etwas anderes oder alles zusammen, weiß niemand). Also war es unterm Strich ein Erfolg. Aber eine fortlaufende Behandlung mit diesen Methoden ist für mich noch weniger bezahlbar als Ayurveda oder Akupunktur. Und letztere sind mir persönlich sympathischer. Achtung – wie schon in der Einleitung gesagt: Das ist mein persönliches Urteil, Ihres kann ganz anders ausfallen!

Lymphdrainage

Auch zu dieser speziellen manuellen Therapie möchte ich noch etwas schreiben. Mit speziellen Handgriffen lindern Therapeuten – zumeist Physiotherapeuten mit einer Zusatzausbildung – Schwellungen, wie sie bei Brustoperierten mit dem einen oder anderen Lymphknoten weniger gerne in Händen oder Armen auftreten. Außerdem sind wir anfälliger für Entzündungen in diesen Bereichen, weil das geschwächte Lymphsystem den „Körperabfall", darunter auch Viren und Bakterien, nicht mehr so gut abtransportiert. Haben Sie am besten immer ein Desinfektionsspray zur Hand, wenn Sie sich trotz aller Vorsicht doch einmal verletzen sollten. Denn eine Lymphangitis, also eine Entzündung der Lymphgefäße, wie ich sie bis heute dreimal hatte, ist nicht so richtig spaßig.

Die gute Nachricht: Diese manuelle Therapie gibt es tatsächlich auf Rezept. Die schlechte Nachricht: Es gibt nicht viele Therapeuten, die es wirklich gut können. Das liegt zum einen an der oftmals recht mageren Fortbildung, zum anderen an dem geringen Entgelt, das die Kassen einer physiotherapeutischen Praxis für die Lymphdrainage zahlen. Mein erster Physiotherapeut erklärte mir, dass er sie nur deshalb anbiete, weil diese Patienten besonders zuverlässig seien und selten einen Termin absagten. Wer ganz ernsthafte Schwierigkeiten hat, schaue doch einmal unter www.foediklinik.de nach – diese Klinik in Hinterzarten scheint die beste in Deutschland zu sein. Viele Infos zum Thema gibt es unter www.bundesverband-lymphselbsthilfe.de.

Mein Urteil: Ich selbst habe mir nach der Operation zehn Lymphdrainage-Termine gegönnt. Auch wenn ich nicht sagen kann, dass dabei meine damals dicken Hände erfolgreich behandelt worden wären, hat mir die körperliche Berührung doch gut getan. Danach habe ich das Thema Lymphe meist mit Akupunktur und Qigong abgedeckt, aber manchmal langt das nicht. So habe ich mich kürzlich für ein paar Monate wieder in Behandlung begeben – und sie sehr genossen (ausgezeichnete Therapeuten bei www.physiotherapie-schmitt.de in Neunkirchen im Saarland). Daneben weiß ich, dass etwa viel trinken (stilles Wasser!), adäquate Bewegung oder Massagen gut, zu viel Belastung und Hitze nicht so gut sind. Achten Sie auf sich!

Massagen

Man darf nicht vergessen, dass die Haut ein wichtiges Atmungs- und Entgiftungsorgan ist, Grund etwa für ayurvedische Heilmassagen. Außerdem gibt es inzwischen diverse Studien, die eine Symptomminderung bei Krebspatienten unter Chemotherapie durch Massagen nachweisen. Dabei muss noch nicht einmal der Profi ran; eine liebevolle Massage von Partner oder Freundin hat den gleichen Effekt. Fazit: Auch (oder gerade!) manuelle Therapien können eine heilende Wirkung entfalten!

Welche Therapie ist richtig für mich?

Sie haben nun vieles gelesen und denken sich wahrscheinlich, du liebe Güte, und was soll ich jetzt tun? Ich kann Ihnen nur raten: Haben Sie keine Angst vor Fakten, informieren Sie sich so umfassend wie möglich. Wenn diese Infobeschaffung und -verarbeitung nicht Ihr Ding ist, lassen Sie sich helfen. Das Team von www.mammazone.de, einer empfehlenswerten Website für Brustkrebspatientinnen, hat einmal das Projekt „Diplompatientin" angestoßen. Denn: Informierte Patientinnen bekommen meist die bessere Behandlung (passt gut dazu: das Buch von Georg Francken mit dem sprechenden Titel „Dr. Ich – Wie mündige Patienten sich im Medizinbetrieb behaupten und die optimale Behandlung finden").

Wenn Sie dann aber vor einer Entscheidung stehen, hören Sie auf Ihr Herz. Das ist schwierig und einfach zugleich, aber sowieso etwas, was uns eine ernste Krankheit lehren will. Fühlt sich etwas merkwürdig an, haben Sie Zweifel? Dann lassen Sie es. Fühlen Sie sich zu etwas, einer Behandlungsmethode und/oder einem Arzt bzw. Therapeuten hingezogen – tun Sie's, auch wenn der Weg etwas weiter ist. Es wird genau das Richtige für Sie sein. Wobei ich auch gemerkt habe, dass alles seine Zeit hat. Heute ist vielleicht das eine gut für mich, morgen etwas anderes. Oder eine Kombination. Aber das entscheide ich, wenn's soweit ist.

Kapitel 5
Geist und Seele brauchen Zuwendung
Vom Psycho-Onkologen bis zum Geistheiler

Eins ist klar: Ist der Körper an Krebs erkrankt, bricht unsere Welt zusammen, brauchen wir Unterstützung für unsere Psyche. Es gibt kaum ein Krebszentrum, das nicht auf diese Patienten spezialisierte Psychotherapeuten, so genannte Psycho-Onkologen, beschäftigt. Es gibt auch niedergelassene Therapeuten, die schwerpunktmäßig mit Krebspatienten arbeiten. Der Krebsinformationsdienst (www.krebsinformationsdienst.de) bietet eine Suche nach wohnortnahen Therapeuten an.

Das Simonton-Training

Eine besondere Form der Psycho-Onkologie ist das Simonton-Training. Die Kasseler Habichtswaldklinik für Psychosomatik, Onkologie und Innere Medizin fasst auf ihrer Website die Therapie des bereits erwähnten Radiologen Carl Simonton hervorragend zusammen:

„Dr. Carl Simonton war Facharzt für Strahlenheilkunde und Onkologie. Er leitete in Kalifornien ein Tumorzentrum und gilt als einer der Pioniere der Psycho-Onkologie. Er entwickelte für seine Tumorpatienten ein Entspannungsverfahren in Kombination mit Imaginationsübungen.

Die Geschichte der Gesundheitspraktiken lehrt uns, dass die Einbildungskraft (‚Dein Glaube hat Dir geholfen') schon immer eine wesentliche Rolle im Heilungsprozess gespielt hat, ungeachtet des kulturellen Hintergrundes. Heute weiß man um die komplexen Verbindungen zwischen Gehirn, Verhalten, psychologischen Faktoren und Immunsystem. So wurde nachgewiesen, dass das Immunsystem direkt der Kontrolle des Zentralen Nervensystems unterliegt, und zwar insbesondere jenen Bereichen des Gehirns, die mit der Übertragung des inneren Bildes auf den Körper in Zusammenhang gebracht werden.

Es ist möglich, über die Beruhigung des Nervensystems (körperliche Entspannung) und das Erzeugen von (symbolhaften) inneren Bildern und Szenen mittels unserer Vorstellungskraft einen Einfluss auf Schmerzen zu nehmen, zur Ruhe zu finden, positive Emotionen zu erleben. Hierdurch können Ressourcen, über die jeder Mensch verfügt, aktiviert werden, Selbstheilungskräfte aktiviert werden.

Die Wirkung der Methode setzt voraus, dass ich Verantwortung für mich selbst übernehme, mir Zeit und Raum für meine innere Arbeit (mit dem ‚inneren Arzt') gebe.

‚Wenn Sie sich besser fühlen wollen, müssen Sie gesünder denken!'" (www.habichtswaldklinik.de)

Dem kann ich nichts mehr hinzufügen. Wenn es Sie interessiert, lesen Sie eines seiner Bücher, zum Beispiel „Wieder gesund werden: Eine Anleitung zur Aktivierung der Selbstheilungskräfte für Krebspatienten und ihre Angehörigen".

Mein Urteil: Ich habe das Simonton-Training in Ansätzen mit der hervorragenden Frankfurter Psycho-Onkologin Susanne Ruppel (www.pfp-ruppel.de) ausprobiert – und nicht wirklich einen Draht dazu gefunden, mit Frau Ruppel anders gearbeitet. Die Simonton-Visualisierungen beinhalten einen Kampf zwischen unserm Immunsystem und den Tumorzellen – ich aber wollte keinen Krieg in meinem Körper. Ich habe mich mit anderen, „Liebevolleren" Visualisierungen wohler gefühlt – solche, die mir eine Reiki-Meisterin vermittelte. Ich weiß aber auch von anderen Patienten, die begeistert vom Simonton-Training sind. Wiederum: Schauen Sie es sich selbst vorurteilsfrei an – vielleicht ist das die Therapie, die zu Ihnen passt.

Psycho-Onkologie

Ich habe auch zwei „klassische" Psycho-Onkologen kennengelernt, das war in Ordnung, hat mir persönlich aber nicht viel gegeben. Während sie mich mit meinem Krankheitszustand „versöhnen" wollten, habe ich vielmehr nach Menschen und Philosophien gesucht, die mir vor allem Zuversicht schenken würden. Die mir helfen würden, seelische Knoten zu lösen. Die mir sagen: „Alles ist möglich" – ich kann gemäß Prognose in wenigen Jahren sterben, ich kann morgen von einem Stein erschlagen werden, und ich kann uralt werden. Wer will das wissen?

Ich wollte gerne meinen Horizont weit machen, mich von (negativen) gesellschaftlichen und medizinischen Mustern, wie sie vor allem die Krankheit Krebs betreffen, befreien. Dass dies auch mit einer Psycho-Onkologin möglich ist, habe ich gesehen, als ich Maria Cacacciola-Ketter aus Homburg/Saar kennenlernte. Eine Allgemeinmedizinerin mit einer Praxis im saarländischen Schönenberg-Kübelberg, die selbst eine Brustkrebserkrankung hinter sich hat, einen ähnlichen Weg einschlug wie ich und sich schließlich zur Psycho-Onkologin weiterbildete. Eine fantastische Frau, die medizinische und psychologische Kenntnisse mit spirituellen Einsichten und großer Empathie verbindet. Was wieder einmal beweist, dass es immer zuallererst auf den Menschen hinter einer Therapiebezeichnung ankommt.

Damals, bevor ich Maria kannte, hakte ich die Psycho-Onkologie für mich ab und machte mich auf einen Weg, der mich zu geistigen Heilern und Schamanen, in die Welt fernöstlicher Mystik und in die der Quantenphysik geführt hat. Nein, ich fand nicht alles toll, manches war damals für mich gut und heute nicht mehr, manches hat mich wirklich weitergebracht im Leben. In jedem Fall war und ist das unglaublich spannend. Der Auslöser für diese fantastische Reise, die in keinem Urlaubskatalog zu finden ist? Der Krebs. Und dafür bin ich ihm dankbar.

Die Macht der Gedanken

„Allein Gedankenkraft kann den Bizeps deutlich stärken, haben Forscher in neuen Versuchen nachgewiesen. Das mentale Training könnte Kranken beim Aufbau ihrer Muskulatur helfen."

Das ist in „Spiegel online" vom 22.11.2001 nachzulesen. „Vom Sofa aus trainieren" heißt ein Artikel zum gleichen Thema in „www.dasgehirn.info".

Die Placebo-Forschung. Sie kennen das berühmte Experiment des US-amerikanischen Chirurgen Bruce Moseley? Der bei einer Patientengruppe das Kniegelenk operierte und bei einer anderen – unter täuschend echten Bedingungen, Narkose und kleinem Schnitt inklusive – nur vorgab, operiert zu haben, und beide Gruppen mit dem Behandlungserfolg gleich zufrieden waren? (Nachzulesen unter anderem in der Pharmazeutischen Zeitung, Ausgabe 28/2010.) Interessant zu diesem Thema auch: „Das Gehirn eines Buddha – Die angewandte Neurowissenschaft von Glück, Liebe und Weisheit" von Rick Hanson (der auch tolle Newsletter verschickt). Hanson beschreibt, wie der Strom unserer Gedanken unser Gehirn formt und neue Handlungsräume erschließen kann.

Alles hängt mit allem zusammen

Irgendwie scheinen also unsere Gedanken die materielle Welt um uns herum zu beeinflussen. Sie merken, das Thema fasziniert mich, deshalb greife ich es immer wieder auf. Die moderne Quantenphysik hat tatsächlich bewiesen, dass der Beobachter das Beobachtete verändert:

„Zunächst: Alles, was sich auf der subatomaren Ebene ereignet, geschieht durch den Einfluss von Bewusstsein und Gedanke. Die Quintessenz lautet: Der Beobachter formt das Beobachtete. Carl Friedrich von Weizsäcker und andere Quantenphilosophen stellten fest, dass echtes Wissen immer subjektives Wissen ist, das Wissen des Beobachters, und dass es keine objektive Wirklichkeit gibt. Die Experimente der Quantenphysiker haben bewiesen, dass allein schon die Fragestellung bei einem Experiment das Geschehen beeinflusst."

Das erläutert der saarländische Biophysiker Ulrich Warnke in einem Interview mit www.der-wissens-verlag.de vom 5. September 2014.

Und die Vertreter des einige Jahrhunderte vor Christus begründeten Daoismus (oder auch Taoismus) wussten:

„Beobachtung – wir können auch Aufmerksamkeit oder Achtsamkeit dazu sagen – ist ein wesentlicher Bestandteil der taoistischen Lebenskunst. Im Grunde ist die Wechselwirkung zwischen unserem Bewusstsein und der uns umgebenden Materie so beschaffen, dass wir nichts beobachten können, ohne dass es sich verändert." (Theo Fischer: Tao heißt leben, was andere träumen, Hamburg 2010, S. 12)

Im Grunde geht die gesamte fernöstliche Mystik, darunter auch der Buddhismus, davon aus, dass alles mit allem zusammenhängt. Geist und Materie sind zwei Seiten der gleichen Medaille. Sagen auch Schamanen jedweder Couleur. Der Geist kann die Materie beeinflussen – und damit also auch einen Krankheits- oder Gesundungsverlauf (Buchtipp: „Denken wie ein Buddha: Gelassenheit und innere Stärke durch Achtsamkeit – Wie wir unser Gehirn positiv verändern", von Rick Hanson und Knut Krüger).

Zwischen Himmel und Erde

Alles nur naives Gerede? Ich glaube nicht. Nobelpreisträger wie Werner Heisenberg oder Niels Bohr, Sportwissenschaftler, Daoisten – alle sagen das Gleiche. Die Kritiker halten kräftig dagegen, erschüttert doch diese Denkweise unser materialistisches Weltbild. Isaac Newton hat mit seinen Gedanken eine technische Revolution ermöglicht. Das ist gut. Nicht gut ist, dass sich mit dieser Entwicklung Strukturen entwickelt haben, die von Macht, Streben nach Einflussnahme, Eitelkeit und Geld, Geld, Geld gehalten werden. Es zählt nur, was man hat (und nicht, was man ist). Kraft seiner Gedanken sein Leben glücklicher und gesünder zu machen – damit lässt sich kaum Geld verdienen. Also: uninteressant.

Mir ist das egal. Ich habe inzwischen selbst viele kluge Menschen kennengelernt, die „ganzheitlich" denken – und auch so leben. Man könnte sie auch „spirituell" nennen. An dieser Stelle bemühe ich mal wieder Wikipedia:

„Spiritualität (von lat. spiritus ,Geist, Hauch' bzw. spiro ,ich atme' …) bedeutet im weitesten Sinne Geistigkeit und kann eine auf Geistiges aller Art oder im engeren Sinn auf Geistliches in spezifisch religiösem Sinn ausgerichtete Haltung meinen. Spiritualität im religiösen Sinn steht dann auch immer für die Vorstellung einer geistigen Verbindung zum Transzendenten, dem Jenseits oder der Unendlichkeit."

Halten wir fest: Es ist ziemlich wahrscheinlich, dass es Dinge zwischen Himmel und Erde gibt, zu denen wir nur schwer einen Zugang finden. Über tausende Jahre haben ihn viele Menschen gesucht und manchmal gefunden. Auch heute kenne ich welche. Ihr Leben ist nicht unbedingt einfacher, aber, so ist mein Eindruck, erfüllter. Manche geben ihr Wissen weiter, arbeiten als Heiler, Schamanen oder spirituelle Lehrer. Bei denen, die es wirklich ernst meinen, geht es aber nicht darum, „Jünger" zu haben, berühmt zu werden und abzuzocken. Wenn sie besondere Fähigkeiten besitzen, setzen sie sie zum Wohle anderer ein, wenn sie besondere Einsichten besitzen, geben sie sie gerne weiter – um anderen zu helfen, ihren eigenen spirituellen Weg zu finden. Manchmal verlangen sie dafür Geld – und ich finde das in Ordnung. Auch spirituelle Menschen müssen Miete zahlen.

Kritische Distanz wahren!

Dennoch ist hier Vorsicht und kritische Distanz geboten. Wie in jedem Berufsfeld sind auch hier geldgierige Scharlatane unterwegs. Wie man sich davor schützt? Wieder gilt: aufs Bauchgefühl hören. Schauen, dass die Kosten im Rahmen bleiben (üblich sind, je nach Ausbildung, zwischen 50 und 100 Euro pro Stunde). Vieles kostet weniger oder gar nichts. Und: Werden Sie misstrauisch, wenn ein „Geistheiler" Heilung verspricht oder versucht, Sie von der von Ihnen gewählten (schulmedizinischen) Behandlung abzubringen. Das soll und darf niemand tun. Es gibt sogar einen „Dachverband geistiges Heilen" (in Deutschland gibt's wirklich Verbände für alles), der entsprechende Vorgaben macht (www.dgh-ev.de).

Nun folgt eine etwas wilde Zusammenstellung von Methoden des „geistigen Heilens". Es sind eben die Methoden, die ich ausprobiert habe.

Meditation

„Ob Meditation wirkt? Viele Experten sind da skeptisch. Forscher haben jedoch mithilfe von Hirn-Scans herausgefunden, dass Meditation sogar bestimmte Bereiche im Gehirn wachsen lässt", schreibt die Tageszeitung „Die

Welt" am 27. Dezember 2013. Da haben wir's wieder, den Zusammenhang zwischen Geist und Materie – gerade in jüngster Zeit gibt es zahlreiche wissenschaftliche Studien dazu, gut zusammengefasst unter dem Titel „Wie Meditation Gehirn und Geist verändert" in oben genannter Ausgabe der „Welt" (im Internet nachzulesen).

Bei der Meditation, die ihren Ursprung in der fernöstlichen Mystik hat und im Christentum am ehesten mit Gebetspraktiken zu vergleichen ist, geht es darum, die Gedanken zu beruhigen, still und mit sich eins zu werden, also Körper, Geist und Seele, die im Alltag allzu leicht auseinanderfallen, wieder zusammenzuführen. Die Ärztin und Vorsitzende der Arbeitsgemeinschaft Prävention und integrative Medizin in der Onkologie (PRiO) bei der Deutschen Krebsgesellschaft Dr. med. Jutta Hübner, die viel über Komplementärmedizin bei Krebs publiziert hat (zum Beispiel das Buch „Komplementäre Onkologie"), sagte mir, als sie noch Leiterin der Palliativabteilung der Uniklinik Frankfurt war: „Meditation katapultiert das Immunsystem nach oben." Stress schwächt es erwiesenermaßen; will ich es stärken, reduziere ich meinen Stress. Meditation ist, neben vielen anderen, eine Möglichkeit dazu.

Es gibt natürlich auch hierzu viel Literatur, ich habe unter dem blumigen Titel „Kernspin im Nirwana" einen ganz interessanten Artikel in der Wochenzeitung „Die Zeit" vom 2. Februar 2008 ausgegraben (finden Sie im Web).

Sie halten Meditation für etwas Abseitiges, was nichts mit unserer westlichen Kultur zu tun hat? Der emeritierte amerikanische Professor John Kabat-Zinn hat die Meditation ihres weltanschaulichen Mantels entledigt und mit seinem achtwöchigen Programm „Mindfulness-Based Stress Reduction" (MBSR) eine gute Methode entwickelt, um besser mit Stress, Angst und Krankheiten umzugehen.

Mein Urteil: Ich habe noch nie einen Meditations- oder MBSR-Kurs besucht. Im Schneidersitz auf dem Boden (oder bequem aufrecht auf einem Stuhl) sitzen, die Augen schließen und atmen, um ruhiger zu werden oder mit Visualisierungen zu arbeiten, das mache ich ab und an, es tut mir gut. Es gibt viele praktische Anleitungen in Buchform, unter anderem von John Kabat-Zinn. Hilfreich sind auch Meditations-CDs mit Anleitungen bzw. Klängen, die nachweislich unsere Gehirnwellen beruhigen, zum Beispiel solche des indischen Ayurveda-Arztes Balaji Tambe. Die Meditationsform meiner Wahl ist Qigong, eine jahrtausendealte chinesische Bewegungsmeditation. Dazu mehr im folgenden Kapitel.

Schamanismus

„Das Wort ‚Schamane' kommt ursprünglich aus der Sprache der Ewenken in Sibirien, aber Schamanen gibt es heute in vielen Kulturen auf allen Erdteilen – auch in großen westlichen Städten wie London, Boston und Berlin. Schamanen glauben, dass wir von Geistern umgeben sind, die uns beeinflussen und unser Schicksal lenken. Schamanen zeichnen sich dadurch aus, dass sie Kontakt zu diesen Geistern herstellen können. Innerhalb ihrer Gesellschaften nehmen sie oft eine herausragende Stellung ein. Mal sind sie Ärzte, mal Priester, Mystiker, Psychologen, Dorfälteste, Orakel oder Poeten.(…) Notwendige Voraussetzung, um in Kontakt mit den Geistern zu treten, ist ein Zustand der Trance, der Ekstase. Dieser Zustand der ‚Seelenreise' kann auf unterschiedlichen Wegen erreicht werden, durch Trommeln, Singen, Tanzen, Meditation oder Drogen." (National Geographic, Heft 2 / 2013, S. 98-119)

Im Jahr 1980 wurde der Schamanismus von der Weltgesundheitsorganisation (WHO) anerkannt. Mein Arzt für Chinesische Medizin, Dr. med. Michael Hammes, sagt, Schamanismus sei die Grundlage jedweder Medizin. Ich denke, ich bin mir mit Ihnen, liebe Leser, darüber im Klaren, dass man darüber mehrere Doktorarbeiten schreiben könnte. Ich schreibe mal nur über meine Erfahrung.

Seit meinem Rezidiv habe ich mit Dr. Tobias Klein einen kassenärztlich zugelassenen Psychotherapeuten im Saarland, wo ich inzwischen lebe. Außerhalb der Praxis wendet er im so genannten „elementar-Kreis" (es gibt im Saarland auch eine Gruppe in Homburg) unter anderem die schamanischen Methoden der Lakota-Indianer an.

So definiert diese Gruppierung den Schamanismus: „Integrierter Schamanismus der Gegenwart ist das Erinnern und Einüben von Einfachheit. Es ist die Schulung des Bewusstseins, wieder wesentlich zu werden. Es ist ein mentales Abenteuer, das einen Zugang hinter die Kulissen der Welt der Erscheinungen ermöglicht." (www.elementarkreise.de).

Heilung wird hier allumfassend gesehen. Es geht um die Heilung der Friktion zwischen Geist und Materie, Leben und Tod. Es geht um die Heilung der Natur und sicherlich auch die Heilung von Krankheiten. Als ich das erste Mal auf Einladung des Therapeuten zu solch einem Treffen ging, fragte ich mich skeptisch, was da wohl für Leute sein würden ... und war fast überrascht, wie „normal" hier alle waren: Polizisten, Lehrer, Künstler, Handwerker; Jung und Alt, Frauen und Männer, Kranke und Gesunde (soweit man das so klar trennen kann). Offene, einfühlsame, reflektierte Menschen, die sich regelmäßig treffen, um unter Trommeln auf Seelenreise zu gehen und in der Schwitzhütte „auf den Punkt gebracht zu werden", wie es kürzlich eine Teilnehmerin formulierte. Mich selbst beeindrucken diese Rituale – und sie funktionieren. Ich komme auf Gedanken und sehe Bilder, die mir helfen, Zugang zu meinem Innersten zu finden, mit meiner Krankheit, aber ganz einfach mit mir selbst weiterzukommen, Dinge zu verstehen, mich mit Situationen und Menschen zu versöhnen.

Mein Urteil: Ich habe einmal eine Ärztin mit den Worten zitiert: „Frau Kübler, die Heilung beginnt im Kopf." Ein anderer Arzt ging einen Schritt weiter, indem er sagte: „Heilung geschieht im Herzen." Dazu muss man den Kopf schlicht einmal ausschalten. Und dabei helfen mir solche schamanischen Rituale. Mehr dazu in meinem Interview mit Tobias Klein in Teil II.

Ich habe aber noch eine weitere schamanische Erfahrung gemacht. Lumira Weidner heißt die in Kasachstan geborene Schamanin, die heute mit Mann und Kindern in Bayern lebt und früher als Krankenschwester auf einer Krebsstation gearbeitet hat. Ich habe sie kurz vor meiner Zweitdiagnose ausgerechnet in meinem Ayurveda-Kurzentrum in Pfedelbach kennengelernt – und fand sie ziemlich ... wie soll ich sagen ... drastisch. Radikal. So, dass ich ein bisschen abgeschreckt war. Wieder zuhause, stolperte ich über ein Programmheft des „Frankfurter Rings" (www.frankfurter-ring.de), der Vorträge und Seminare für Körper, Geist und Seele anbietet, mit Lumira auf dem Titel. Weil ich seit längerem nicht mehr an Zufälle glaube, habe ich sie angeschrieben, eine prompte und hilfreiche Antwort erhalten und bald darauf eines ihrer Seminare besucht.

Mein Urteil: Ich war skeptisch und nahm mir vor, sofort abzureisen, wenn mir Lumira, Teilnehmer oder Seminarinhalte „spanisch" vorkämen. Aber nein, ich bin bis zum Schluss geblieben. Lumira hat sehr viel Hilfreiches zum Thema Heilung referiert und zahlreiche Meditationen angeleitet. Selten habe ich ein inhaltlich derart dichtes Seminar erlebt. Ich kann nicht alles unterschreiben, was sie sagt (zum Beispiel ihre extrem Chemo-kritische Haltung), aber vieles. Besonders gut fand ich, dass sie an uns appellierte, nur Aussagen von ihr zu übernehmen, bei denen wir voll mitgehen können. „Du bist Dein eigener Schamane", betont sie.

Die 25 Teilnehmer, überwiegend Frauen zwischen 35 und 65 Jahren, waren allesamt patent – Geschäftsleute, Hausfrauen und Mütter, Beamte, Verwaltungsangestellte … Das Beeindruckendste: „Ihr werdet stinken, wenn Ihr nachhause kommt", lachte Lumira zum Schluss. „Ihr habt Euch hier seelisch entgiftet, und das werdet ihr an Eurem Schweiß merken." Ja, ja, dachte ich, vergaß es und machte mich auf den Heimweg. Kaum auf der Autobahn, rümpfte ich die Nase – ich roch wirklich derart verschwitzt, dass mein erster Weg in meiner Zwischenstation bei Freunden ins Bad führte, wo ich mich frisch machte und sogar umzog. Noch heute wende ich einige von Lumiras Meditationen an – und sie tun mir gut. Oder ich schaue mir ab und an eines ihrer vielen Videos auf Youtube an – immer dann, wenn ich Ermutigung suche. Infos: www.lumira.de.

Reiki

„Reiki (gesprochen Reeki) ist eine Methode zur Energieübertragung durch das Handauflegen. Reiki zählt zu den alternativen Heilmethoden und gehört hier zu den Energietherapien – im Gegensatz zu Körper- oder Psychotherapien. Reiki wurde um 1922 von dem Japaner Dr. Mikao Usui entwickelt."

Das schreibt „meine" Reiki-Meisterin Katharina Mensah (www.reikikurs.de). Reiki war während der „heißen" Behandlungsphase gut für mich, ich habe das Handauflegen genossen und mit den von ihr vorgeschlagenen Visualisierungen das letzte Drittel der Chemo und die Bestrahlung wunderbar meistern können. Ich habe mich übrigens mit einer Krankenschwester an meinem Brustzentrum intensiv darüber ausgetauscht … Seitdem bin ich Reiki noch zweimal begegnet: Einmal bin ich im Wald bei einer Gruppenwanderung gestürzt, und mein Kreislauf sackte weg. Plötzlich kniete eine Frau neben mir, sprach beruhigend auf mich ein und legte mir die Hände auf. Fünf Minuten später stand ich wieder … Ich war sehr beeindruckt und fragte sie, ob sie mir Reiki gegeben habe. Da lächelte Gertrud Bremen und sagte, sie sei Reiki-Meisterin … Na, so ein „Zufall". Später habe ich übrigens ein Yoga- und Meditationsseminar bei ihr belegt, in der Benediktinerinnen-Abtei in Steinfeld in der Eifel. Wunderschön.

Wieder ein Jahr weiter: Ich sitze noch spätabends im Büro, da ploppt eine Mail von „Reiki-Lichtpraxis" auf. Eine Caroline Kather schreibt mir, sie sei über mein Büchlein gestolpert und habe nun mit einer Klientin und der Gleichstellungsbeauftragten ihrer Stadt beschlossen, einen Informationsabend zum Thema Brustkrebs zu veranstalten. Ob ich nicht vielleicht einen Vortrag halten könne? Es war ein wunderbarer, bestens organisierter und gut besuchter Abend in Kreuztal bei Siegen, und ich habe viele wunderbare Menschen kennengelernt, von denen ich wiederum eine Menge lernen konnte. So kommt auf wundersame Weise immer wieder eins zum anderen.

Mein Urteil: Dass unser Leben von Energien bestimmt ist, ja, dass es Energie ist, die sich auch lenken lässt (zumindest teilweise), davon bin ich überzeugt. Die einen nennen sie Qi, die anderen Reiki, wieder andere nannten sie „Odem". Und es gab und gibt immer Menschen, die einen besonders guten Zugang dazu haben und anderen damit helfen. Mir hat das Handauflegen, was auch immer dabei passiert ist, wahnsinnig gut getan, ebenso wie die Ermutigung und die Bilder, die mir meine erste Reiki-Meisterin mit auf den Weg gab. Gerade mit letzteren bin ich mit einem Lächeln durch die Bestrahlung gesegelt ...

Eine „geistig heilende" Ärztin

Die Adresse von Dr. med. Fela-Maria Winkler in Frankfurt (www.geistige-heilung-ffm.de) habe ich einem der Bücher von Joachim Faulstich entnommen. Und ich kann Ihnen auch nicht erklären, was genau sie bei den Sitzungen mit mir angestellt hat. Beeindruckt hat mich damals allerdings, dass sie ihre gutgehende Hausarztpraxis in Eschborn aufgegeben hat, um sich ausschließlich geistiger Heilarbeit zu widmen – „Damit habe ich einfach die besten Erfolge", sagte sie mir damals. Sie sprach mit mir und legte mir dabei ihre Hand auf den Rücken. Dann verließ sie den Raum und ließ es wirken – was auch immer. Ich empfand das als sehr stärkend.

Mein Urteil: Eine interessante Frau, die Sitzungen irgendwie „geheimnisvoll" – und ich wollte auch, dass das so bleibt. Für mich liegt manchmal auch im Geheimnisvollen eine besondere Kraft. Die Behandlung war etwas teurer als sonst, weil sie Ärztin ist, aber immer noch gut bezahlbar. Mehr kann ich dazu nicht sagen.

Singen

Ja, Sie haben richtig gelesen. Singen sei so gesund wie Meditation und leichter Sport, sagt der Musikpsychologe Dr. Gunter Kreutz vom Institut für Musikpädagogik an der Uni Frankfurt. Aktives Singen fördere im Speichel die Produktion des Stoffes Immunglobulin, der das Immunsystem stärke. Außerdem las ich an anderer Stelle, Singen kurbele das Lymphsystem an. Und die Zeitschrift „Brigitte" schreibt am 15. Februar 2012 unter dem Titel „Singen macht glücklich":

„Der deutsche Musikpsychologe Dr. Karl Adamek geht noch weiter. Er sagte in einem Interview, dass Singen glücklich mache, denn es kurbele die Produktion von Glückshormonen wie Serotonin an, das gegen Depression und Angst helfe. Beta-Endorphin erzeuge Glücksgefühle, und Noradrenalin erhöhe die Lebensmotivation. Gleichzeitig würden sich beim Singen jene Hormone zurückbilden, die uns aggressiv und stressanfällig machen: Testosteron, Adrenalin und Kortisol. Dazu genügen übrigens ein paar Liedstrophen. Wer singt, ist gesünder, lebensfroher, zuversichtlicher und tatkräftiger, das hat Adamek bei mehr als 500 Probanden empirisch nachweisen können. Und das gilt auch für Laiensänger."

Nun sagen Sie selbst: Gibt es jetzt noch einen Grund, NICHT zu singen? Ich singe seit einigen Jahren in einem wunderbaren Chor und kann zumindest die Glücksgefühle bestätigen – beim Singen und in der Kneipe danach.

Soweit meine Erfahrungen in Sachen Behandlung von Geist und Seele (was sich, wie wir ja gelernt haben, immer auch auf den Körper auswirkt). Im dritten Kapitel habe ich einige Bücher aufgeführt, die auch hierher passen – Titel von Deepak Chopra, Bruce Lipton, Clemens Kuby oder Fritjof Capra, blättern Sie doch einfach mal zurück.

Kapitel 6
Walking, Qigong & dunkle Schokolade
Unsere Lebensweise im Fokus

Dass die Lebensführung viel über unser Wohl und Wehe mitbestimmt, ist inzwischen wirklich überall nachzulesen. Aber welche Lebensführung ist für mich die beste? Das kann nur jeder für sich entscheiden. Aber es lohnt sich allemal, sich darüber Gedanken zu machen.

Und wieder wissen es die alten Heiltraditionen seit tausenden Jahren: Ob Ayurveda, Chinesische oder Tibetische Medizin – alle betonen den Zusammenhang von Körper (body) und Geist (mind). 2013 fand an der Universität Mainz eine Ärztekonferenz zum Thema „Body-Mind-Medicine" statt.

Also: Unser Körper, der aus Milliarden miteinander kommunizierenden Zellen besteht, reagiert auf unser Denken und Fühlen. Ich bin aufgeregt: Mein Herz schlägt schneller. Ich bin verliebt: Kann nichts essen, habe Schmetterlinge im Bauch. Rede mir im Autogenen Training ein: „Mein rechter Arm ist ganz schwer" – und er wird messbar schwerer. Also: Der Geist beeinflusst unseren Körper (und umgekehrt).

Es sind natürlich nicht nur Gedanken, die mit unseren Genen und Zellen kommunizieren. Es ist die Sprache! Probieren Sie es doch selbst einmal aus. Denken Sie an etwas, was Ihnen nicht besonders leicht fällt. Zum Beispiel Treppensteigen. Während Sie Stufe für Stufe nehmen, sagen Sie sich: „Das Treppensteigen fällt mir schwer." Das nächste Mal murmeln Sie vor sich hin: „Das Treppensteigen fällt mir nicht leicht." Es heißt, das Universum versteht keine Verneinung. Was bleibt, ist: „Das Treppensteigen fällt mir leicht." Sehen Sie selbst, erspüren Sie, ob der Gebrauch des Wortes „schwer" oder „leicht" auch körperlich einen Unterschied macht. Das Gleiche gilt auch für die Aussage „Ich bin krank". Daraus wird: „Ich bin nicht gesund." Hängen bleibt: „Ich bin gesund." Das Glas ist – mindestens – halb voll. Und das MACHT einen Unterschied.

Wir müssen uns bewegen!

Unser Körper will bewegt werden. Den ganzen Tag am Schreibtisch zu sitzen ist keine „artgerechte Haltung" für uns Menschen, wie meine ehemalige Yogalehrerin zu sagen pflegte. Und es gibt genügend Hinweise darauf, wie wirksam sportliche Betätigung sein kann. Dementsprechend schrieb die „Ärzte Zeitung" am 3. Januar 2014:

„Sport mindert Studien zufolge nicht nur die Nebenwirkungen einer Krebstherapie, sondern steigert auch die Leistungsfähigkeit, und das Selbstbewusstsein wird gestärkt – was die Lebensqualität enorm verbessern kann. Doch nicht nur das: Körperliche Aktivität hat auch direkte Einflüsse auf die Entstehung von Krebs und den Verlauf einer Krebserkrankung. Darüber informiert die Deutsche Krebsgesellschaft e. V. in ihrem ‚Thema des Monats'. Wer regelmäßig Sport treibt, beugt einer Krebserkrankung vor. Man geht heute davon aus, dass sportlich aktive Menschen ihr Risiko, an Krebs zu erkranken, durchschnittlich um 20 bis 30 Prozent reduzieren können. Wenn dennoch Krebs auftritt, haben Patienten, die vor ihrer Erkrankung regelmäßig Sport getrieben haben, nachweislich ein geringeres Rückfallrisiko."

Das liest sich doch ziemlich gut, oder? Ja, es gibt natürlich auch alle möglichen Abhandlungen darüber, welcher Sport für Krebspatienten am besten ist; meistens ist von Ausdauersport die Rede (Walken, Joggen, Radfahren, Schwimmen). Ich sage: Erlaubt ist, was gut tut und Spaß macht. Tanzen, Tennis, Japanischer Stockkampf – was auch immer. Klar, sind Sie an der rechten Brust operiert und haben Lymphprobleme im rechten Arm, wäre Tennis vielleicht nicht die erste Wahl (es sei denn, Sie sind Linkshänderin). Besorgen Sie sich den Trainingsplan des nächstgelegenen Sportvereins (günstig!), gehen Sie ins Fitnessstudio oder in den Wald (letzteres mache ich am liebsten).

Besonders wichtig scheint etwa für Brustkrebspatientinnen das Mehr an Sauerstoff zu sein, das wir durch den Sport einatmen. Krebszellen mögen nämlich keinen Sauerstoff – also kriegen sie ihn! Kennen Sie die neueste Trendsportart, das „Waldbaden"? So nennen die Japaner das Spazierengehen im Wald: senkt den Blutdruck, reduziert Stresshormone und vermehrt die Killerzellen. Was will man mehr?

Sie sind schon älter oder geschwächt? Pardon, aber das ist kein Grund, zuhause sitzen zu bleiben. Bitten Sie einen Verwandten oder Freund, mit Ihnen um die vier Ecken zu gehen. Setzen Sie sich ins Grüne auf eine Bank – und atmen Sie tief in den Bauch hinein. Konzentrieren Sie sich aufs Atmen, werden Sie ruhig, tanken Sauerstoff und Tageslicht, das wir für die Bildung des für uns so wichtigen

Vitamin D brauchen. Und wie wir bereits im fünften Kapitel lesen konnten, wirkt sogar die bloße Vorstellung vom Sporttreiben. Eine Ausrede gibt es hier also nicht ...

Lebensführung: Dazu gehört die Macht der Gedanken, die positive Wirkung der Bewegung – und natürlich die Entspannung.

Trägt nun Stress zur Entstehung von Krebs bei oder nicht? Hier streiten sich die wissenschaftlichen Geister. Die ganzheitlichen Mediziner sagen eindeutig „ja", weil Stress unser Immunsystem schwäche. Nun ist die Rolle des Immunsystems bei Krebs hochkomplex und noch längst nicht hinreichend erforscht. Mir persönlich ist das inzwischen egal. Für mich gilt die Gleichung: Weniger Stress = mehr Freude am Leben = bessere Gesundheit.

Ein entspannter Körper heilt besser

Wenn das nicht so wäre, weshalb legen gerade alte Heiltraditionen so viel Wert auf Entspannung? Die Chinesische Medizin hat Qigong, Ayurveden propagieren Yoga ... Auch darüber hinaus gibt es viele Entspannungstechniken. Auch hier gilt: Erlaubt ist, was gefällt. Viele Sportvereine und Volkshochschulen haben hier schon ein wunderbares (und vor allem bezahlbares) Angebot. Manche Krankenkassen übernehmen auch die Kosten für Entspannungskurse ganz oder anteilig, erkundigen Sie sich nach den Konditionen!

Über Meditation habe ich bereits im letzten Kapitel geschrieben. Progressive Muskelentspannung nach Jacobson ist eine Möglichkeit wie auch das gute alte Autogene

Training, das ich mit 18 Jahren als Abivorbereitung gelernt habe und immer noch anwende.

Yoga ist natürlich in aller Munde und in hunderterlei Formen erlernbar. Übrigens: Yoga ist nicht nur eine Art Heilgymnastik, sondern eine ganze Philosophie, die ich ebenfalls als sehr ermutigend empfinde (ein faszinierendes Buch dazu, leider wieder auf Englisch: „Sivananda Buried Yoga" von Yogi Manmoyanand, dem Yogameister meiner besten Freundin). Ich habe das mal eine Weile gemacht, muss aber zugeben, dass ich nicht besonders gelenkig bin und es mir deshalb nur begrenzt Spaß gemacht hat. Ich habe mich, auf dringenden Rat meiner damaligen Ärztin für Chinesische Medizin hin, für …

… Qigong entschieden und bei der Medizinischen Gesellschaft für Qigong Yangsheng (www.qigong-yangsheng.de) eine Lehrerausbildung durchlaufen, übe es fast täglich und unterrichte es auch. Qigong ist eine jahrtausendealte chinesische Bewegungsmeditation. Langsame, fließende Bewegungen aktivieren unsere Energieleitbahnen und helfen dem Körper, sich selbst zu regulieren. Man kann diese Bewegungen auch im Sitzen ausführen – oder beim „Stillen Qigong" nur in der Vorstellung. Neben Akupunktur, Naturmedizin, Tuina-Massage und der Ernährung ist Qigong eine der fünf Säulen der Traditionellen Chinesischen Medizin (TCM, siehe auch Kapitel 4).

Und sie wirkt: Meine Qigong-Lehrer sind fast alle Ärzte (für Allgemeinmedizin oder Anästhesisten bzw. Schmerztherapeuten) und bieten regelmäßig Kurse für ihre Patienten an – weil es wirkt (siehe auch mein Interview mit Ingrid Reuther). Ja, auch hier gibt es Studien mit für

Qigong positiven Erkenntnissen (zum Beispiel die MD Anderson Studie, veröffentlicht im Journal „Cancer" vom 25. Januar 2013) – aber ich habe, offen gestanden, keine Lust, darauf näher einzugehen. Es ist immer wieder der verzweifelte Versuch, mit Hilfe im Westen gängiger wissenschaftlicher Methoden in der westlichen Medizin anerkannt zu werden. Das ist alles in Ordnung und auch machbar, aber mein Glaube an Studien aller Art ist aufgrund der starken Vereinfachung sehr begrenzt. Ich habe nach vier Jahren fast täglichen Praktizierens keinen Zweifel, dass mich Qigong geistig und körperlich stärkt.

Ein weites Feld: die Ernährung

Ich habe einmal von einer spät diagnostizierten, schwer krebskranken Frau gelesen, die sich konsequent nach der Säure-Basen-Diät ernährte – und einen Heilungsprozess aufwies, der sämtliche Ärzte in Erstaunen versetzte und sie raten ließ: „Was immer Sie da machen – machen Sie's weiter."

Ernährung ist das A und O für unsere Gesundheit. Alte Heilsysteme nutzen Nahrung als Medizin – und das häufig sehr erfolgreich. Es ist ja irgendwie einzusehen: Unsere Zellen beziehen ihre Energie aus der Atemluft, Wasser – und dem, was wir an Nahrung zu uns nehmen. Man kann sich auch grob vorstellen, dass sich unsere Zellen mehr über einen grünen Smoothie als über eine fette Pizza freuen.

Dann aber wird es schwierig: Richte ich mich nach der modernen Ernährungswissenschaft oder doch eher nach den Ernährungsweisheiten der Chinesischen oder Tibetischen Medizin, folge ich den Ayurveden oder vielleicht doch lieber Hildegard von Bingen (Dinkel, Dinkel, Dinkel!). Ich weiß bis heute nicht recht, welchen Weg ich hier am besten gehe – und halte mich an den Rat meiner alten Hausärztin: „Essen Sie vielfältig, ökologisch, regional und saisonal." Wenn ich das hinkriege, bin ich schon ziemlich stolz. Dazu habe ich die Hinweise aus dem bekannten Buch „Krebszellen mögen keine Himbeeren" der kanadischen Ärzte Prof. Dr. med. Richard Béliveau und Dr. med. Denis Gingras inzwischen verinnerlicht. Sämtliche Kohlsorten, vor allem Broccoli, außerdem Zwiebelgemüse, Knoblauch, Pilze, Kurkuma, Ingwer, Leinöl, fetter Seefisch, Zitrusfrüchte, Trauben, Beerenobst, grüner Tee, dunkle Schokolade (ab 70 Prozent Kakao) und dann und wann ein Schlückchen Rotwein kommen bei mir regelmäßig auf den Tisch.

Was haben die Kanadier gemacht? Sie haben altes, beinahe verlorenes Volkswissen über Ernährung im Reagenzglas untersucht und herausgefunden, dass insbesondere bestimmte sekundäre Pflanzenstoffe Krebszellen angreifen bzw. gesunde Zellen schützen, vor allem auch antientzündlich wirken (Entzündungen gehen mit vielen Krankheiten einher, auch Krebs). Dazu gibt's leckere, leicht nachzukochende Rezepte. Eine ziemlich einfache Übung, finde ich.

Wenn sich Ernährungslehren widersprechen

Bei den diversen Vorträgen in meiner Ayurvedakur hörte ich dann mit Erstaunen, dass es nicht auf die Bestandteile der Nahrung und ihre Wirkung auf den Organismus ankomme, sondern auf die Energiebilanz. So ist den Ayurveden ziemlich schnuppe, dass Kohl mit seinen Glucosinolaten einen hochwirksamen krebshemmenden Pflanzenstoff liefert. Er verbrauche viel Energie bei der Verdauung und weise damit eine ungute Energiebilanz auf. Es ist aber der Energiegewinn, der nach ayurvedischer (und chinesischer bzw. tibetischer) Auffassung entscheidend ist. Also: doch kein Kohl?

Auf meine besorgte Nachfrage lenkte die Ayurveda-Therapeutin allerdings ein: Mit etwas Kreuzkümmel angemacht, sei der Kohl leichter verdaulich. Damit hätte ich meine Anti-Krebs-Stoffe mit einer akzeptablen Energiebilanz. Geht doch. Und was ist mit der bei uns im Westen hochgelobten Rohkost? Schwer verdaulich, also besser andünsten, lautet hier die Antwort – und das geschieht besser auf dem Herd als im Körper. Auch Kaltgetränke werden aus energetischen Gründen nicht gerne gesehen: Es kostet den Körper einfach zu viel Energie, sie aufzuwärmen.

Die Ernährungslehre in Ayurveda oder der Chinesischen Medizin ist hoch komplex. Da gibt es Nahrungsmittel für ein Zuviel oder Zuwenig der drei ayurvedischen „Doshas" (Lebensenergien) Vata, Pitta und Kapha. Ein erfahrener Ayurveda-Therapeut bestimmt Ihre Konstitution und empfiehlt entsprechende Lebensmittel. In der Chinesischen Medizin spielt zum Beispiel eine wichtige Rolle, welche Nahrungsmittel kühlen oder wärmen – sie sollten in jedem Falle gegensteuern, um wieder eine Balance in Ihrem Körper herzustellen. Mich alleine in diese Ernährungswelten einzuarbeiten, überfordert mich. Glücklicherweise haben die Volkshochschulen häufig Vorträge und Kochkurse zu sämtlichen Ernährungsformen im Programm.

Und dann wären da natürlich noch die Vegetarier und die Veganer. Ich bin weder das eine noch das andere. Es gibt viel Pro und Contra. Aber es widerspricht so ein bisschen meiner Losung, vielfältig zu essen. Dazu gehört auch Fleisch – ab und an, in kleinen Portionen, dafür in guter (Bio-)Qualität.

Sie merken, Ernährung ist ein weites Feld. Besonders verwirrend finde ich, dass sich Ernährungsweisen, die für sich komplett nachvollziehbar sind, gerne mal gegenseitig widersprechen. Ich kann und möchte das Thema hier nur anreißen; es sind massenhaft Bücher darüber geschrieben worden, und die Ernährungssysteme sind so komplex, dass ihre weitergehende Erläuterung hier den Rahmen sprengen würde.

Was bekommt mir?

Festzuhalten ist, dass es sich lohnt, über die eigene Ernährung nachzudenken. Sie ist in jedem Falle ein wichtiger Baustein in unserer Lebensführung, die doch einen so großen Einfluss auf unsere Gesundheit hat. Wofür Sie sich entscheiden, hängt von Ihrem Magen ab – was ist für Sie praktikabel, was schmeckt Ihnen? Denn wenn es uns schmeckt, setzt unser Gehirn Glückshormone frei – und die sind natürlich auch schrecklich gesund. Schließlich stellen Sie sich die Frage: Was bekommt mir? Womit fühle ich mich wohl? Grummelt nach dem Essen der Magen, bin ich müde und zerschlagen, ist es wahrscheinlich nicht die geeignete Mahlzeit für mich gewesen.

Meine 10 goldenen Ernährungsregeln

1. Ich esse vielfältig, biologisch, regional und saisonal. Dabei kommen täglich Lebensmittel auf den Tisch, die ich mag, aber der Krebs nicht (s. o.).
2. Ich achte auf einen ausgeglichenen Säure-Basen-Haushalt (PH-Teststreifen gibt's in der Apotheke, Listen über saure und basische Lebensmittel unter www.zentrum-der-gesundheit.de).
3. Einkaufen und Kochen dürfen nicht in Stress ausarten.
4. Besser gedünstet oder gegart als roh.
5. Besser warm als kalt.
6. Milchprodukte setze ich sparsam ein.
7. Besser weißes als rotes Fleisch (wobei ich ab und an Rindfleisch esse, weil es der beste Eisenlieferant ist).
8. Ich esse möglichst wenig weißen Industriezucker und Weißmehl, das im Körper in Zucker umgewandelt wird (denn: Krebszellen lieben Zucker – also kriegen sie ihn nicht!). Besser: Rohrohrzucker oder natürliche Süßungsmittel wie Stevia, Honig, Ahornsirup oder Agavendicksaft.
9. Ich verwende gerne Kräuter, die in meinem Garten (Balkon) am besten wachsen (haben mir eine Schamanin und eine Heilpraktikerin geraten – in meinem Falle sind das Salbei und Oregano, denen eine entgiftende Wirkung nachgesagt wird).
10. Ich trinke zwei- bis dreimal die Woche einen grünen Smoothie (Chlorophyll!).

Wenn ich diese Regeln beachte, bin ich schon mal nicht so schlecht – finde ich. Aber auch hier gilt: Es gibt nicht DIE tolle Ernährung, es gibt nur die beste Ernährung FÜR SIE, ganz individuell. Finden Sie – mit Hilfe von

Fachleuten – heraus, was für Sie am besten ist, und lassen Sie es sich schmecken! Aber nicht zu sehr … denn auch das Gewicht spielt bei vielen Erkrankungen eine Rolle. Übergewicht sollten Sie in jedem Falle vermeiden! Das lässt sich mit Heilfasten und langfristiger Ernährungsumstellung (und Bewegung!) erreichen. Ach ja: Heilfasten kann sogar die Wirkung einer Chemotherapie günstig beeinflussen und auch sonst Ihr Immunsystem in Fahrt bringen. Lesen Sie dazu im Internet bei „Spiegel Online" ein Interview mit dem Arzt für Naturheilkunde von der Berliner Charité Andreas Michalsen: „Heilfasten: Die Gewichtsabnahme ist nur ein Mitnahmeeffekt". Oder besorgen Sie sich die GEO-Ausgabe 03/2016 mit einer ausführlichen Titelgeschichte zum Thema Fasten. Sehr schön finde ich wissenschaftlich untermauerte Vorschläge zum „intermittierenden Fasten". Das heißt, dass Sie ab und an mal für 12, 16 oder 24 Stunden nichts essen bzw. nur Wasser, Kräutertees, Gemüsesäfte und Brühe zu sich nehmen. Schon das reicht, um unser Immunsystem zu stärken. Googeln Sie mal nach aktuellen Studien – hoch interessant. Und so günstig …

Last, but not least, kommen wir noch zu den Nahrungsergänzungsmitteln. Es ist an vielen Stellen nachgewiesen, dass die Speicher für Vitamin C und Vitamin D, Selen und Zink gerade bei Krebspatienten gut gefüllt sein sollten. Am besten ist es, die Ernährung darauf abzustellen – denn diese Vitamine und Mineralien sind am wirksamsten, wenn sie in der Nahrung gebunden sind. Oftmals aber reicht das nicht.

Ob es bei Ihnen reicht oder nicht, können Sie nur durch einen Bluttest feststellen, den Sie dummerweise häufig aus eigener Tasche zahlen müssen. Einfach so täglich eine Ladung Vitaminpillen einzuwerfen, ist auf jeden Fall nicht ratsam und kann auch schaden. Schauen Sie also genau, wie es sich bei Ihnen verhält und versuchen Sie, einen eventuellen Mangel über die Ernährung und gegebenenfalls Nahrungsergänzungsmittel auszugleichen. Ich selbst nehme tatsächlich täglich Selen, Vitamin C und Zink sowie zweimal wöchentlich hoch dosiertes Vitamin D 3 in Verbindung mit Vitamin K 2. Außerdem hat mir mein Onkologe die tägliche Einnahme von Indol-3-Carbinol, dem antikarzinogenen Wirkstoff des Brokkoli, empfohlen. Ich scheine das – trotz wirklich ausgewogener Ernährung – zu brauchen, wie die jährlichen Tests zeigen.

Kapitel 7
Seien Sie beherzt!
Den eigenen Weg finden

So, ich bin am vorläufigen Ende angelangt. Während ich an den Texten arbeitete, dachte ich immer wieder, Herrschaftszeiten, was hast Du in den vergangenen sieben Jahren alles erlebt! Und es geht weiter ... Deshalb finden Sie die Inhalte dieses Büchleins und vieles mehr auch im Internet unter www.der-beherzte-patient.de und auf Facebook auf der Gemeinschaftsseite „Der beherzte Patient", die Sie abonnieren können.

Schade, dass ich so einen Holzhammer wie eine Krebserkrankung brauchte, um aufzuwachen, um so viel Wichtiges für mein Leben zu lernen. Aber so ist es nun einmal. Besser so, als dass ich all das nie hätte lernen dürfen.

Und nun sind Sie an der Reihe. Seien Sie beherzt, mutig und zuversichtlich. Nehmen Sie Ihr Leben in die Hand. Konzentrieren Sie sich auf sich selbst, versuchen Sie, Zugang zu Ihrem Innersten zu finden. Die Heilung liegt – auch – in Ihnen selbst! Versuchen Sie, wieder Vertrauen zu gewinnen zu sich selbst, zu Ihrem Körper, Ihren Selbstheilungskräften, zum Leben.

Ich kann nur sagen: Ganz gleich, wie lang er ist und wohin er führt – dieser Weg lohnt sich.

Schließlich möchte ich Sie mit diesem Text noch ein bisschen aufrütteln:

> Manchmal scheint es einfacher,
> sich nach dem Tod zu sehnen,
> als sich wirklich auf das Leben einzulassen.
> Nicht jeder, der geboren wurde,
> hat sich bereits für das Leben entschieden.
> Es ist die radikalste Wahl,
> die du treffen kannst.
> Alles und jeder um dich herum
> wartet auf deine Entscheidung.
> Du stirbst.
> Beginne zu leben.
>
> (Veit Lindau. Aus „SeelenGevögelt.
> Manifest für das Leben")

Teil II • Gedanken und Interviews

Kapitel 8
Gesund? Krank? Palliativ?
Schluss mit dem Schubladendenken

Was bedeutet krank sein, was gesund sein? Nach unserem üblichen Verständnis ist man krank, wenn man Schnupfen, Depressionen oder Krebs hat. Als gesund gilt derjenige, bei dem eine solche Diagnose nicht gestellt wurde. Was nicht heißt, dass der Gesunde nicht schon eine Krankheit in sich trägt. Oder der Kranke viele gesunde Anteile hat. Hier wird's mit dem Schubladendenken schwierig ...

Was heißt eigentlich „gesund sein"? Dazu schreibt Deepak Chopra, Internist, Ayurveda-Arzt, Meditationslehrer und Bestseller-Autor, aus der Perspektive der „Body Mind Medicine" (von mir frei übersetzt):

„Aus einer ganzheitlichen Perspektive ist Gesundheit nicht einfach die Abwesenheit von Krankheit oder ihrer Symptome; es ist ein Zustand optimalen Wohlbefindens. Wir sind gesund, wenn wir fähig sind, alles zu verdauen, was wir aufnehmen, verwerten, was uns nährt, und ausscheiden, was uns nicht dient. Das beinhaltet Nahrungsmittel, Beziehungen, unsere Berufe und all unsere Lebenserfahrung. Krankheit dagegen entwickelt sich, wenn eine Störung auftritt – eine Blockade des Energie- und Informationsflusses in Körper oder Geist. Symptome und Beschwerden sind Signale des Körpers, dass wir die Blockaden beseitigen und die Balance bzw. den gesunden

Fluss der Intelligenz wieder herstellen müssen. (Mehr unter www.chopra.com)

Wie verhält es sich nun, wenn sich jemand krank fühlt, obwohl es keine Diagnose gibt? Er oder sie von Ärzten auf den Kopf gestellt wird, ohne dass etwas gefunden wird? Ist er dann trotzdem gesund? Nein, natürlich nicht. Wenn mittels CT, MRT & Co. nichts gefunden wird, heißt das ja noch nicht, dass es keine Störung gibt. Wenn er leidet, leidet er, punktum.

Wenn sich ein Kranker gesund fühlt

Andersherum kann sich jemand, der krank ist, durchaus gesund fühlen. Ich zum Beispiel. Meine Ex-Onkologin wurde nicht müde, mir (mit und ohne Anlass) klarzumachen, dass ich nun unheilbar krank sei und deshalb „in der Palliativschublade" steckte. Vor allem hob sie zu dieser Rede an, wenn ich ihr sagte, dass ich mich blendend fühle: Ich bin nicht nur zufrieden, sondern oft sehr, sehr glücklich, habe keinerlei körperliche Beschwerden, bin sportlich unterwegs, energiegeladen und belastbar. Ich habe das untrügliche Gefühl, das macht sie richtig aggressiv! Denn in das Weltbild einer westlich geprägten Ärztin scheint es einfach nicht zu passen, dass sich eine Patientin (zumal mit fortgeschrittenem Krebs"leiden") gesund fühlt. Dabei sollte sie sich doch mit mir darüber freuen! Oder?

Es ist also nicht einfach, die Sache mit Krankheit und Gesundheit. Sie ist vielmehr ziemlich kompliziert und passt deshalb nur schwerlich in das System unserer Schulmedizin. Die doch so viel erreicht hat und es immer noch tut. Das will ich keine Sekunde in Abrede stellen. Aber ich möchte nicht von einer Ärztin in eine Schublade gesteckt werden, ganz gleich, in welche. Schon gar nicht in die Palliativ-Schublade.

Ich möchte als Mensch gesehen werden

Pallium ist lateinisch und bedeutet Mantel. Es geht also um Schutz – vor Kälte und Unheil. Die Palliativmedizin ist eine junge Fachrichtung, erst 1999 wurde in Deutschland der erste Lehrstuhl an einer Universität eingerichtet. Eingebürgert hat sich, Palliativmedizin – ein immer bedeutsamer werdendes medizinisches Gebiet – als Sterbebegleitung zu definieren. Medizinische Betreuung auf dem letzten Weg.

Ich wehre mich aber dagegen, mich mit metastasiertem Krebs automatisch (!) als unheilbar und damit palliativ „klassifiziert" zu werden. Diabetes, Multiple Sklerose oder viele Herzleiden sind auch nicht heilbar – und diese Patienten werden nicht in die Palliativschublade gesteckt. Und ich frage mit Professor Ingo Diehl aus Mannheim: Warum ist das in der Onkologie so? Warum werde ich, der es zur Zeit blendend geht, in die gleiche Schublade gesteckt wie eine (erdachte) 76-jährige Frau mit zufällig der gleichen Diagnose, die aber unter vielen weiteren Erkrankungen leidet, depressiv ist und innerlich mit dem Leben abgeschlossen hat? Das verstehe ich nicht. Ich möchte als individueller Mensch gesehen und behandelt werden, mit allen meinen gesundheitlichen Stärken und Schwächen, und nicht nur nach der Beschaffenheit meines Tumors.

Und noch etwas zum Thema „Schwarz-weiß". Ich bin den ideologischen Grabenkampf zwischen großen Teilen der Schul- und Komplementärmedizin leid (der von Seiten der Schulmedizin heftiger geführt wird als umgekehrt). Es will mir nicht in den Kopf, weshalb nicht die Stärken aller Heilsysteme zum Wohle des Patienten eingesetzt werden. Ist es wirklich nur das Geld? Immerhin, es gibt Ärzte und Krankenhäuser, die integrativ arbeiten. Aber es sind immer noch viel zu wenige. Und daran wird sich nicht viel ändern – wenn wir Patienten es nicht einfordern. Jetzt.

Kapitel 9
Wenn die Seele ruft
Interview mit dem Ayurveda-Therapeuten
Reinhard Ravidas Korn

Ayurveda ist ein 5000 Jahre altes indisches Heilsystem, Grundlage auch für die Chinesische und die Tibetische Medizin. Ich selbst habe gute Erfahrungen mit einer Kur im „AUM-Zentrum für Ayurveda und Naturheilverfahren" in Pfedelbach bei Heilbronn gemacht. Für den „Beherzten Patienten" habe ich mit dessen Leiter Reinhard Ravidas Korn gesprochen, Diplom-Psychologe, Heilpraktiker und erfahrener Ayurveda-Therapeut. Er ist Schüler von Dr. Shri Balaji Tambe, dem Leiter eines der größten Ayurvedazentren Indiens und Schirmherr des AUM-Kurzentrums. Außerdem engagiert sich Reinhard Korn als Vizepräsident in der European Ayurveda Association.

Ayurveda, da denkt man an schöne Massagen, wohlduftende Öle, gesundes Essen. Aber es ist mehr als das ...

Viel mehr, es ist das „Wissen vom Leben", das ist die Wortbedeutung von Ayurveda. Es ist eine umfassende und hoch komplexe Welt- und Lebensanschauung, auf jeden Fall ganzheitlich, das heißt, materielle, geistige und seelische Aspekte sind miteinander verbunden. Die Welt besteht aus fünf Elementen: Erde, Wasser, Feuer, Luft und Raum, gesteuert wird sie von den drei geistig-seelischen Kräften Tamas, das verleiht Masse, Rajas, das verleiht Energie, und Sattva, das verleiht Weisheit und Klarheit. Durchdrungen ist alles von den drei Energien Vata, Pitta und Kapha, den sogenannten Doshas, die auch die

Konstitution des Menschen bestimmen. Wichtig ist dabei, dass alles Materielle von Bewusstsein durchdrungen ist, selbst ein Stein. Ein Stein besteht zu einem Prozent aus Bewusstsein und zu 99 Prozent aus Materie. Beim Menschen ist es eher umgekehrt ... Der Sinn des Lebens besteht nun darin, sich weiterzuentwickeln, mehr Bewusstsein zu erlangen. Der Stein will zum Apfel werden, der Mensch zum Erleuchteten.

Und wie erlange ich mehr Bewusstsein?

Bewusstsein ist das, was das Leben ausmacht. Es ist eine Schwingung – ein erleuchteter Mensch hat eine hohe Schwingung, ein Stein eine niedrige. Aber alles ist in Bewegung und bewegt sich auf eine höhere Schwingung, einen höheren Bewusstseinszustand zu. Wir Menschen sind da allerdings ziemlich behäbig: Wenn wir achtzig Jahre leben, leben wir vielleicht zwei Jahre bewusst. Dabei sind wir die Krönung der Schöpfung. Bewusstsein braucht Materie, um sich weiterentwickeln zu können, um Dinge er-leben zu können und daran zu wachsen. Wie ich das anfange? Ich lebe achtsam, achte auf meine Lebensführung, die bei den Ayurveden eine ganz große Rolle spielt. Und wir müssen versuchen, im Hier und Jetzt zu leben, weder in der Vergangenheit – die ist vorbei, noch in der Zukunft – die hat noch nicht angefangen. Die Bewegung hin zu mehr Bewusstein und damit zu mehr Glück geschieht im Augenblick.

Das erzählt man ja gerne chronisch kranken Menschen, damit wir besser mit unseren Zukunftsängsten umgehen können – aber offensichtlich gilt das für uns alle ... Wie entsteht Krankheit überhaupt aus Ihrer Sicht?

Krankheit entsteht, wenn etwas im Leben aus dem Gleichgewicht gerät. Der Gesundheitsbegriff im Ayurveda ist sehr komplex. In dieser Lebensanschauung sind viele Kräfte am Werk, und alle müssen in einer guten Balance sein, das Verdauungsfeuer muss gut brennen ... Gesund bin ich, wenn ich zufrieden und glücklich bin. Es reicht nicht, dass ich nicht krank bin.

Was braucht es denn, um gesund, also zufrieden und glücklich werden zu können?

Krankheit ist in unserer Sicht ein Lehrstück. Sie zeigt mir an, dass etwas in meinem Leben nicht stimmt, dass ich etwas ändern sollte, um kompletter und damit auch glücklicher zu werden. Die alten Inder sagen, Krankheit ist ein Ruf der Seele, die sich anders nicht Gehör verschaffen konnte. Wir sollten also auf unsere Seele hören, und die Meditation, die auch zu Ayurveda gehört, ist hier eine gute Hilfe.

Aber es gibt ja auch handfeste Behandlungsmöglichkeiten ...

Natürlich, wir haben ein ganzheitliches Konzept, das körperliche, geistige und seelische Aspekte umfasst. Das fängt mit der Ernährung an: Bei uns ist die Küche die reinste Apotheke! Die Räume, in denen wir leben, sind wichtig: Tun sie uns energetisch gut, oder sollten wir sie vielleicht umräumen? Vastu gibt hier wichtige Hinweise, das ist sozusagen das indische Feng Shui. Das soziale Umfeld spielt eine große Rolle: Tun mir die Menschen gut, mit denen ich mich umgebe? Habe ich Talente, die ich noch besser für die Gemeinschaft einsetzen könnte? Die Königsbehandlung im Ayurveda ist die Panchakarma-Kur, eine

Entgiftung, die den Körper in kurzer Zeit in Balance bringt und ihn damit besser in die Lage versetzen kann, einer Krankheit entgegenzuwirken.

Sorgfältig kochen, Wohnung umräumen, soziales Engagement zeigen – der Patient hat bei Ihnen ja ziemlich viel zu tun ...

Ja, der Patient spielt eine zentrale Rolle. Nicht das Krankheitsbild zählt, sondern das Individuum. Im Ayurveda gibt es keine 0815-Therapie. Der „Patient" heißt ja auch „der Geduldige" – gerade schwerere Krankheiten haben oft tiefliegende Ursachen, und die sind nicht von heute auf morgen beseitigt. Vor allem gibt es niemanden, der sie einfach so beseitigt, auch nicht der beste Arzt. Er kann helfen, aber ... Sehen Sie, wenn Sie in ein Taxi steigen, dann kann das Auto prima sein und der Taxifahrer richtig gut – aber die Richtung geben Sie vor! Der Patient gibt vor, wo er hin will, und kann sich dann die entsprechende Unterstützung suchen. Das ist eine anspruchsvolle Aufgabe, von der ihn niemand entbinden kann.

Können Sie diese anspruchsvolle Aufgabe in drei Tipps für den Alltag herunterbrechen?

Heißes Wasser trinken, das Wasser zehn Minuten gekocht – jede Stunde drei Schlucke. Das vertreibt die wasserlöslichen Schlacken im Körper. Mit Butterschmalz, dem sogenannten Ghee, kochen – das vertreibt die fettlöslichen Schlacken. Und überhaupt: selbst kochen. Drei Kartoffeln, selbst gekocht, haben mehr Heilkraft als ein Drei-Gänge-Menü im Gourmet-Restaurant!

Kapitel 10
Selbstbestimmt ins eigene Leben finden
Interview mit dem Künstler Bruno Bussmann

Wenn wir nicht selbstbestimmt unser Leben leben, können wir unglücklich oder sogar krank werden – sagen spirituelle Lehrer. Es gilt also, unseren individuellen Lebensweg zu finden, oder anders gesagt: authentisch zu leben. Nur – wie finde ich diesen Weg? Wann lebe ich authentisch? In meiner zweiten ayurvedischen Panchakarma-Kur habe ich jemanden kennengelernt, der auf diese Fragen Antworten zu kennen scheint: Bruno Bussmann, Maler. Der ehemalige Professor an der Kunsthochschule im schweizerischen Luzern und Maler über Glück und Risikobereitschaft, Angst und Kreavitiät – kurz: Kunst und Lebenskunst.

Bruno, Du wirkst wie ein wirklich glücklicher Mensch …

Ich bin zufrieden, ja, eigentlich auch glücklich. Ich glaube, ich bin einen guten Weg gegangen. Das Wichtigste ist die Erfüllung – ich habe meine eigenen Gefäße gefüllt. Aber das geht nur, wenn man seine eigenen Gefäße auslotet. Man kann häufig lesen, was Glück ist – aber ich muss selbst erfahren, wann und wie es eintritt.

Was kann ich selbst tun, um Erfüllung zu finden?

Wenn ich mich zum Beispiel fair verhalte, obwohl es mir Nachteile bringt, ich mich aber damit gut fühle und morgens gerne in den Spiegel sehe, dann ist das gut und stimmig. Nach einer Weile erkenne ich solche Zusammenhänge und kann dieses Gefühl auf andere Situationen übertragen. Wenn das wieder gut läuft, wächst das Vertrauen in meine Entscheidungsfähigkeit und das Leben. So wird mein Leben selbstbestimmt, die Zufriedenheit wächst – und beschert mir ein erfülltes Leben.

Dein Lebensweg macht dich klug

In unserem Leben mit seinen vielen Abhängigkeiten ist es aber nicht einfach, ein selbstbestimmtes Leben zu führen …

Wir müssen es zumindest versuchen. Je mehr ich selbst bestimmen kann, was in meinem Leben geschieht, desto besser kann ich erfahren, ob etwas für mich stimmig ist. Je mehr ich es zulasse, fremdbestimmt zu sein, desto mehr laufe ich Gefahr, mich von mir selbst zu entfernen. Die Gesellschaft hält dich für einen Glückspilz, wenn du gesund bist, eine Familie hast, dazu ein Haus, ein schönes Auto … Dann denkst du, wenn alle Glück so definieren, dann musst du wohl glücklich sein. Aber du legst dir da im Kopf etwas zurecht. Am Ende ist das gar nicht deine Definition von Glück, es ist nicht stimmig, funktioniert nur irgendwie. Dann hast du dich von dir selbst, von deiner Identität, entfernt. Wichtig ist, dass du darauf achtest, in welchen Lebenssituationen du ein ablehnendes oder ein gutes, zustimmendes Gefühl hast. So lernst du dich immer besser kennen. Es ist dein persönlicher Lebensweg, der dich klug macht und deine Identität finden lässt, nicht die Gesellschaft, eine Idee oder eine Ideologie.

Für einen Kunststudenten ist es doch besonders wichtig, zu seiner Identität zu finden. Inwieweit hast du das in deinem Unterricht aufgegriffen?

Die Identität ist für jeden Menschen von zentraler Bedeutung. Sie ist grundsätzlich für seine Befindlichkeit, wenn er leben und nicht nur funktionieren möchte. Funktionieren ist eine Definition für Maschinen. Für den Menschen ist die Reduktion darauf sozusagen tödlich. Er lebt nicht. Meine Studenten habe ich aufgefordert, sich zu fragen: Wer bin ich? Was gefällt mir nicht, woran habe ich Freude, wann entsteht ein natürlicher Antrieb, was fühlt sich für mich stimmig an? Sie mussten das nicht wissen, sie sollten das nach und nach für sich herausfinden und sich dabei entwickeln.

Und wie sollten sie das praktisch anstellen?

Vor allem habe ich versucht zu vermitteln, dass sie die Antwort darauf bei sich selbst und nicht außerhalb von sich suchen, zum Beispiel in einer Idee. Denn dann wird man schnell zum Ideologen, und das muss man unbedingt vermeiden. Nehmen wir ein Beispiel: Wenn mir jemand sagt, Eier sind nicht gut für dich, sind ungesund. Dann verkrampfe ich, bekomme vielleicht sogar ein bisschen Angst. Denn ich habe es nicht für mich selbst herausgefunden. Ich übernehme einfach unhinterfragt die Meinung eines anderen. Wenn ich diese Meinung dann konsequent anwende, womöglich auch andere davon zu überzeugen versuche, dann wird es zu einer Ideologie. Und das hat wiederum nichts mit Identität zu tun. Oder nehmen wir die Kunst: Ein Künstler ist, wer auf seinem Gebiet erkennbar außerordentlich ist, also wörtlich außerhalb der Ordnung steht. Wenn ein Schüler dann einen Trick anwendet, um dieses Ziel, außerordentlich zu sein, zu erreichen, dann ist das nicht ehrlich, nicht authentisch. Mir fällt da ein Plakat von Toulouse-Lautrec ein, der den Sänger Aristide Bruant mit einem schwarzen Zylinder und rotem Schal gemalt hat. Nun trägt jemand einen schwarzen Hut und einen roten Schal und denkt, er sei ein Künstler. Das hat tatsächlich mal jemand getan, und ich dachte, ich sehe nicht richtig. Welch ein Trugschluss! Wenn ich etwas nur deshalb tue, um bei anderen einen bestimmten Eindruck zu erwecken, dann ist das alles andere als authentisch. Ich muss ich selbst sein, mit meiner Persönlichkeit, meinen künstlerischen Inhalten.

Kreativität ist eine Haltung

Um außer-ordentlich und gleichzeitig ich selbst zu sein, muss ich kreativ werden. Auch so eine Herausforderung – wie werde ich es?

Kreativität ist eine Art sich zu verhalten, sie ist nicht an eine bestimmte Tätigkeit gebunden. Die Leute sagen, ein Maler sei kreativ. Also nehme ich einen Pinsel in die Hand und bin automatisch kreativ? So funktioniert das nicht. Kreativität ist eine Haltung, mit der ich Problemen begegne und ihre Lösungsmöglichkeiten erforsche, egal, ob ich koche oder eine handwerkliche Tätigkeit ausübe, einen Berg besteige oder gesund werden möchte. Diese Haltung ist geprägt durch eine große Offenheit, auch für unkonventionelle Wege, das erfordert Mut zum Risiko. Gängige Systeme und Vorschriften dürfen mich nicht hindern. Ich muss neue Beziehungen knüpfen dürfen und wollen, muss Zufälle zulassen. Diese offene Haltung ist gefragt: Ich weiß nicht, was passieren wird – aber es interessiert mich. Wenn ich eine bestimmte Erfindung machen will, klappt das meistens nicht. Lasse ich jedoch vorerst vieles offen und spüre Ideen einfach mal nach, kann also mit Energie dabei sein, ohne gleich zu wissen oder mir auszumalen, wohin das führt, dann bin ich auf einem vielversprechenden Weg. Wenn ich so vorgehe, wachse ich an meiner Tätigkeit und erkenne mich darin.

Was war das größte Hindernis bei deinen Studenten, kreativ zu sein?

Das war die Angst oder Hemmung, etwas im Ansatz Gutes weiterzuführen und dabei etwas zu riskieren. Mein bisheriger Erfahrungsspeicher sagt mir: Das könnte misslingen – also höre ich lieber auf. Somit nehme ich mir die Chance, etwas zu entwickeln, positive Erfahrungen zu machen, Vertrauen und Mut aufzubauen. Nehmen wir ein Beispiel: Ein Student erreicht bei einer Zeichnung einen gewissen Stand. Es tritt eine Bestätigung ein. Dann kommt der hemmende Faktor: Mache ich weiter, könnte ich das Ganze zerstören. Also mache ich nichts mehr oder führe das Ganze nur noch hier und da ein bisschen aus. So bleibt das einigermaßen Gute erhalten, aber ich bringe mich um die Chance einer Weiterentwicklung.

Das Beispiel dieses Kunststudenten ist eigentlich exemplarisch für das ganze Leben ...

Absolut! Das, was man hat, gibt einem Sicherheit – denn ist man in Bewegung, nimmt Veränderungen wahr oder merkt, dass man etwas verändern sollte, weiß man ja meistens nicht, was dabei herauskommt. Das verunsichert. Es könnte ja schlechter werden als vorher. Das wäre dann für den Moment frustrierend – verständlicherweise. Zur Weiterentwicklung gehört eben auch mal das Scheitern. Wer nicht scheitern will, gewinnt nichts dazu.

Mut zum Experiment

Dann hast du den Tiefdruck als „Kreativitätsmotor" entdeckt ...

Ja, obwohl das eigentlich nicht mein ursprüngliches Fachgebiet war. Im Tiefdruck bearbeitest du ja eine Platte und machst Drucke davon. Das heißt, die Studenten hatten etwas in der Hand, ein Zustand war gesichert. Die Platte konnte nach dem ersten Druck ohne Hemmungen weiter bearbeitet werden. Ich habe sie in ersten Phasen in Milchtüten ritzen lassen, also noch einen Hemmfaktor weggenommen, denn die kosteten ja nichts. Die Scheu verschwand, das Experimentieren kam in Gang, die Risikobereitschaft nahm zu und wurde gestärkt durch überraschende Resultate. So musste ich immer wieder Methoden finden, um die Erlebnisintensität zu erhöhen, Erfahrungspotential und Selbstwertgefühl zu steigern. Weil mir dieses Innovations- und Erkenntnisfeld Spaß macht, bin ich ein Lehrer. Es war kein Job. Es war mein Beruf. Gleichgesetzt dem des Malers. Ich wollte, dass die jungen Leute in einen guten Prozess gelangen, darum geht es doch. Kreativität ist ein Prozess, Kunst ist ein Prozess, das ganze Leben ist so. Ich muss mich bewegen, auch einmal verschiedene Standpunkte einnehmen, die Dinge von verschiedenen Seiten sehen, wahrnehmen, dass es kein absolutes Richtig und Falsch gibt, sondern dass im Leben alles relativ ist, das heißt in Beziehungen steht. Verkrampfen und ängstlich stehenzubleiben führt nirgendwo hin.

Und wenn ich mich verrenne?

Das ist doch normal und das Risiko eines jeden Weges.

Zumindest weiß ich dann: Das war es nicht. Ich könnte eine andere Richtung ausprobieren. Gehe ich gar nicht weiter, finde ich mich ab mit dem, was ist oder was ich bin. Dabei ist es doch eigentlich ganz einfach: Wenn ich hinfalle, stehe ich wieder auf. Und lerne, was mich zu Fall gebracht hat. Wenn ich nun immer wieder über den gleichen Stein stolpere und nichts daraus lerne, dann kriege ich irgendwann ein Korrektiv. Der Körper, der verletzte Geist signalisiert mir „Verletzung" in entsprechenden Situationen. Das kann nach den ersten Anzeichen und Vermutungen noch Zeit brauchen, bis die definitive Einsicht da ist. Aber irgendwann muss ich handeln. Ich glaube, ich habe letztlich keine Chance, mir dauerhaft etwas vorzumachen.

Aber wie gehe ich mit der Angst um, die mit solchen Lebensentscheidungen einhergeht?

Mein ganz persönlicher Weg holt mich früher oder später ein. Also gehe ich ihn doch lieber selbst. Was ich in meinem Leben beobachtet habe, ist, dass du die Dinge, die du auf Erfahrungswegen sogar verlierst, wiederbekommst – oft auf ganz überraschende Weise, an einem ganz anderen Ort. Der Versuch, es dort zurückzuholen, wo ich es verloren habe – eine Liebe zum Beispiel – ist meist müßig. Besser setze ich meine Energie für Neues, positiv Fortschreitendes ein, und dann geschieht der Ausgleich. Ich bin da sehr optimistisch geworden, was solche Prozesse so mit sich bringen. Deshalb bin ich diesbezüglich recht entspannt und froh.

Mehr zum Künstler und Menschen Bruno Bussmann: www.brunobussmann.ch

Kapitel 11
Die verbindende Kraft der Akupunktur
Interview mit Dr. med. Michael Hammes

Akupunktur ist keine Methode oder eine Dienstleistung, sie ist eine Kunst. Um sie zu verstehen, muss man sich vom reinen Nadelstechen lösen – sagt Dr. med. Michael Hammes, Facharzt für Neurologie, Arzt für Chinesische Medizin und Schmerztherapeut in Bad Homburg bei Frankfurt. Wir haben uns vor vier Jahren kennengelernt und sind gute Freunde geworden. Dass der „Beherzte Patient" entstanden ist, ist auch diesem beherzten Arzt zu verdanken. Michael Hammes über die wichtige Rolle des Patienten bei der Behandlung, den Wert der alten Meister, Sinn und Unsinn von Statistiken und die verbindende Kraft der Akupunktur.

Mich hat einmal eine Ärztin verbessert, als ich Akupunktur eine „Methode" nannte – sie sagte, Akupunktur sei eine Kunst. Bist Du ein Künstler?

Arzt zu sein ist eine Kunst. Damit meine ich, dass das, was wir Ärzte tun, über eine bloße Methode oder eine Dienstleistung hinausgeht. Es wird oft völlig übersehen, dass die Beziehung zwischen Arzt und Patient sehr persönlich und individuell ist, wobei die Professionalität auf Seiten des Arztes natürlich Voraussetzung ist. Kunst ist auch die gesamte Medizin, denn sie ist umfassend oder ganzheitlich – zumindest verstehe ich sie so. Über die Akupunktur komme ich mit dem Patienten in einen besonderen Kontakt, es ist eine innige Form des Miteinanders im Ringen um Gesundheit. Dabei wird meistens auch völlig übersehen, dass der Fokus nicht nur auf dem Arzt liegt. Auch der Patient kann viel zum Gelingen einer Behandlung beitragen.

Wie macht er das?

Na ja, manchmal kann der Patient nicht aktiv mitmachen, wenn er zum Beispiel bewusstlos oder unter Narkose ist. Wobei auch hier der Umgang des Arztes mit ihm unbewusst, über das vegetative Nervensystem, wirken kann. Wenn der Patient bei Bewusstsein ist, ist es wichtig, dass er sich öffnen kann, dem Arzt vertraut. Dass er bereit dafür ist, dass mit den Akupunkturnadeln Kräfte auf ihn einwirken, die sein Inneres ausgleichen. Er sollte aufmerksam beobachten und erspüren, was sich während der Sitzungen tut. Dabei hilft, dass mit der Akupunktur auch eine Entspannung eintritt.

„Ich gebe mich nie mit Symptomen zufrieden"

Aber das musst Du ihm erst einmal erklären ...

Natürlich, aber dazu reichen wenige Worte. Die eigentliche Kunst fängt schon bei der Anamnese an, bei der ich mich mit dem Patienten einschwinge. Ich gebe mich nie mit Symptomen zufrieden, sondern möchte genau wissen, wann, in welchen Zusammenhängen sie auftreten, wie sich das genau anfühlt, was er sonst noch für Erkrankungen oder Schwachstellen hat und so weiter. Deshalb nehme ich mir für die Anamnese auch immer viel Zeit.

Dieses Vorgehen erinnert mich sehr an andere komplementärmedizinische Methoden, Homöopathie oder Ayurveda zum

Beispiel. Hier geht es doch vor allem um die Aktivierung der Selbstheilungskräfte.

Ja, das Prinzip ist überall ähnlich. Mensch, Krankheit, Gesundung, wie das alles zusammenhängt, zieht sich durch alle Weisheitstraditionen. Es liegt am Patienten, was er annehmen kann und will.

Zurück zur Akupunktur – was geschieht dabei eigentlich?

Um das zu verstehen, müssen wir uns vom reinen Nadelstechen lösen. Es ist ein Instrument, mit dem der Arzt Prozesse in Gang setzt. Er schaut auf die innere Ordnung des Patienten, auf dessen Qi-Fluss bzw. auf mögliche Blockaden. Über seine Kenntnis möglicher Einflusspunkte und seine Intuition verschafft er sich dann Zugang zu den Orten, an denen er eine ausgleichende Regulation anstoßen oder sogar eine neue Ordnung herbeiführen kann.

Die Trennung der Dinge macht krank

Also das heißt, der Patient wird krank, weil etwas bei ihm oder in ihm in Unordnung geraten ist?

So ungefähr. Gerade unsere westliche Welt trennt so gerne: Wissenschaft und Kunst zum Beispiel. Die Wissenschaft zerfällt weiter in Natur-, Geistes- und Sozialwissenschaften, die Kunst in Musik, Malerei und so weiter. Im Körper und in der Seele eines Menschen hat die Trennung der Dinge ein immens krankmachendes Potenzial. In der Chinesischen Medizin geht es darum, die Einheit wieder herzustellen, die Dinge miteinander in Einklang zu bringen. Zum Beispiel hat die Hirnforschung bewiesen, dass wir allgemein in einem wesentlich besseren Zustand sind, wenn wir nicht alleine sind, also eingebunden sind in Familie, Freundes- und Kollegenkreis. Isolation macht krank, Integration dient dagegen der Gesundheit.

Du hast als Dozent jahrzehntelang Ärzten die Akupunktur beigebracht. Unterscheidet sich die Akupunktur, wie sie heute hier praktiziert wird, von den Vorstellungen, wie sie die alten Chinesen hatten?

Es gibt in Deutschland Gesellschaften, die versuchen zu kopieren, was die Chinesen heute machen. Andere vertreten ein Potpourri aus der chinesischen Tradition, eigenen Erfahrungen, reflextherapeutischen Ansätzen und modernem neurophysiologischem Verständnis. All diesen Ansätzen fehlt leider etwas ganz Entscheidendes, nämlich der tiefgehende Kontakt zu den Erkenntnissen, wie sie die alten Schriften liefern und einzelne Menschen kennen und beherrschen. Damals wurde das Wissen über eine enge Lehrer-Schüler-Beziehung weitergegeben. Die alten Schriften bestehen meistens aus Dialogen zwischen Lehrer und Schüler, in denen beide um Erkenntnis ringen. Dazu gehörte auch ganz praktisch die Einübung von Selbsterfahrung und Selbstdisziplin, Fähigkeiten, die sich schlecht aus Büchern lernen lassen. Eigentlich braucht man dazu einen Meister.

Hattest Du einen?

Jein. In meiner Zeit in China hatte ich mit einigen Menschen zu tun, die sich tief mit den Wurzeln der Chinesischen Medizin, also auch der Akupunktur, auseinandergesetzt haben und die mir die Gelegenheit gegeben haben, unter ihrer Aufsicht zu üben. Ich hatte also nicht *den* Meister. Aber wenn man begriffen hat, worum es geht, kann man sich auch mit einem Meister verbinden, ohne dass der physisch präsent ist. Das ist allerdings in unserer modernen Welt schwer nachvollziehbar.

Passiert bei der Akupunktur eigentlich immer, was Du erwartest?

Nein. Mit der Erfahrung wird das zwar immer ein bisschen besser. Aber hier kommt der Patient ins Spiel: Er berichtet mir, wie etwas wirkt, und so arbeiten wir zusammen. Das ist höchst individuell und hat auch mit Leitlinien nichts zu tun. Die bieten Anhaltspunkte, das ist alles. Ich muss dem Patienten gerecht werden, keinen Leitlinien.

„Wir müssen den ganzen Menschen behandeln"

Du bist Facharzt für Neurologie und als solcher auch am Krankenhaus tätig. Wie lassen sich diese beiden medizinischen Richtungen verbinden?

Das ist nicht schwierig. All die Ebenen, auf denen wir medizinisch arbeiten, sind letztlich unvollkommen. Als Arzt muss ich lernen herauszufinden, auf welche Weise sich ein Problem beim Patienten manifestiert. Dabei hilft mal mehr die Schulmedizin, mal mehr die Herangehensweise der Chinesischen Medizin, oft beides zusammen. Manchmal ist es etwas sehr Komplexes, dann arbeite ich integriert auf verschiedenen Ebenen. Und manchmal ist es auch nur ein eingeklemmter Nerv.

Wie sieht es mit der Behandlung einer solch komplexen Krankheit wie Krebs aus?

Jede körperliche Krankheit, die sich nicht mit einfachen Mitteln beseitigen lässt, wird früher oder später das Geistige und Seelische eines Menschen in Mitleidenschaft ziehen – und umgekehrt. Deshalb muss ich mir immer alle Ebenen anschauen. Es reicht eben nicht, nur einen Tumor zu bekämpfen. Wir müssen den ganzen Menschen behandeln. Leider gibt es in der Medizin eine Zersplitterung der Disziplinen, so dass diese ganzheitliche Behandlung schwierig wird. Der Patient muss sich dann mehrere Ärzte mit unterschiedlichen Herangehensweisen suchen, und dazu hat nicht jeder die Kraft oder auch die Möglichkeiten. Leider wird ihm in unserem medizinischen System vorgegaukelt, er sei in besten Händen. Trotzdem merken viele, dass das nicht reicht. Natürlich ist das Wissen in den einzelnen medizinischen Fächern enorm groß geworden. Aber egal, wie spezialisiert ich bin, ich muss alle Gebiete überblicken können und wissen, wann ich eine zusätzliche therapeutische oder ärztliche Hilfe brauche: einen Hausarzt, einen Radiologen, einen Osteopathen …

… oder einen Psychologen. „Ich bin kein Psychotherapeut", sagte einmal ein Facharzt zu mir …

Das geht für mich gar nicht, das lässt sich einfach nicht trennen. Ich muss als Arzt in der Lage sein, die Grundproblematik zu erkennen, auch wenn es vielleicht eine psychologische ist. Ich muss und kann nicht selbst eine längere Psychotherapie anbieten, aber ich kann den Patienten darauf aufmerksam machen und eine entsprechende Behandlung empfehlen.

Wie finde ich aber den „richtigen" Psychotherapeuten oder Osteopathen oder wen immer ich ergänzend brauche?

Das ist meistens relativ zufällig. Am besten ist, wenn der Patient sich aktiv umhört. Meistens hat irgendjemand irgendwo etwas aufgeschnappt – wenn jemand gut ist, spricht sich das immer herum. Und dann muss die Chemie stimmen zwischen Arzt und Patient. Wenn das so ist, ist die Methode eigentlich zweitrangig.

Die Medizin kann keine Voraussagen treffen

In meiner Erfahrung war es für mich das Wichtigste, dass mir jemand Mut gemacht hat. In der Schulmedizin haben mich die Ärzte mit Statistiken und Wahrscheinlichkeiten traktiert, die bei meiner Diagnose nicht wirklich berauschend sind. Komplementäre Ärzte haben mir dagegen immer erst einmal Mut gemacht, und das hat mir viel Kraft gegeben ...

Wir müssen aufhören, den Patienten die Hoffnung zu nehmen! So ein Unsinn – was haben Statistiken mit dem individuellen Patienten zu tun? Es ist eine Wahrscheinlichkeitsrechnung, die schnell zur sich selbst erfüllenden Prophezeiung werden kann. Ja, man muss dem Patienten natürlich sagen, dass eine Krankheit lebensbedrohlich sein kann. Aber mit irgendwelchen Prognosen zu hantieren, halte ich für verantwortungslos. Damit zwingt man die Patienten ja geradezu, sich Wahrscheinlichkeiten anzupassen. Medizin kann auf Dinge hinweisen, aber keine Voraussagen treffen. Studien, Statistiken sind dazu da, zu schauen, ob eine Methode besser hilft als eine andere. Das ist wichtig und gibt Orientierung im medizinischen Alltag. Mehr nicht. Viel wichtiger ist, dass der Arzt dem

Patienten ein Medikament oder eine Behandlungsmethode überzeugend ans Herz legt. Erfahrungsgemäß wirkt sie dann besser – der Patient hält sich an die Vorgaben und vertraut auf die Behandlung.

Was ist das Wichtigste, was Du in bald drei Jahrzehnten ärztlicher Praxis gelernt hast?

Dass es der Patient ist, der letztendlich weiß, was ihm am besten hilft. Ich muss es nur schaffen, dass wir gemeinsam herausfinden, was es ist. Es gibt einige Patienten, die nach langer Suche aufgegeben haben – ihnen kann ich nur schwer helfen. Es gibt unter den Patienten auch Dogmatiker, die sich den Weg zur Heilung selbst verbauen, weil sie ihre Sicht so sehr einschränken. Was die Akupunktur angeht, weiß ich inzwischen, dass sie wirklich universell einsetzbar ist und nicht nur bei einigen bestimmten Erkrankungen oder Symptomen. Ich kann damit verschiedene Systeme auf körperlicher, geistiger und seelischer Ebene erreichen – so ist ja zum Beispiel in der Chinesischen Medizin jedes Organ mit bestimmten Eigenschaften oder Seelenzuständen verbunden. Das Qi, die Lebenskraft, umfasst alle Bereiche des Lebens, geht also auch über den Menschen hinaus. Und es ist ein Verfahren, das – abgesehen vielleicht mal von einem blauen Fleck – keine Nebenwirkungen hat. Denn in der Medizin geht es nicht nur darum, zu helfen, sondern auch so wenig wie möglich zu schaden.

Mehr zu Dr. Michael Hammes unter
www.hammes-akupunktur-neurologie.de.

Kapitel 12
Angst ist wie Skifahren
Ein quälendes Gefühl in Lebenskraft verwandeln

Ich behaupte: Alle, die ernsthaft krank waren oder sind, haben Angst. Angst, dass die Krankheit wiederkommt, Angst vor deren Fortschreiten, Angst vor Chemo oder Operation, Angst vor Kontrollen, Angst, Angst, Angst. Doch Angst, sagt der Arzt und Pionier der „Körper-Geist-Medizin" („Mind Body Medicine") Deepak Chopra, ist Gift für die Seele und damit auch für den Körper. Und das wollen wir Patienten doch gerade vermeiden. Bloß wie?

Dazu müssen wir uns dieses Gefühl Angst erst einmal näher ansehen. Unterschieden wird zwischen der gesunden und der krank und unglücklich machenden Angst. Die gesunde Angst wurzelt tief in unserem Selbsterhaltungstrieb, warnt uns vor Gefahr hinter den Büschen (früher) oder vor rücksichtslosen Autofahrern (heute). Sie macht unsere Sinne wach und löst eine ganze Armada biochemischer Reaktionen aus, die dafür sorgen, dass wir bereit sind zu Flucht, Kampf, tja, oder Friedensschluss (letzteres wurde allzeit eher vernachlässigt, leider).

Meist ist Angst ein falscher Alarm

Die wirklich ungesunde Angst spielt sich allein in unseren Köpfen ab. Denn nicht die Realität macht Angst, sondern unsere Vorstellung davon. Erinnern Sie sich an den Riesen „Tur Tur" aus den Abenteuern von Jim Knopf von Michael Ende? Als Jim ihn von der Ferne sieht, scheint er riesengroß und furchteinflößend. Doch je näher er ihm kommt, desto kleiner wird der Riese, geradezu ein bisschen hilflos.

Die alten Inder sagen, die Angst entstehe aus dem Herausfallen des Menschen aus dem universellen Einssein. Diese Abtrennung, diese Dualität von Mensch und Gott oder Universum, erzeuge Unsicherheit und Angst – vor dem, was kommen könnte, vor ungerechter Beurteilung, vor dem Verlassenwerden, vor dem Krankwerden … Alles Dinge, die vielleicht niemals eintreten. Oder vielleicht treten sie, ist die Angst groß genug, genau deshalb ein: als eine sich selbst erfüllende Prophezeiung. Besser macht diese Angst jedenfalls gar nichts.

Natürlich sind über dieses Thema schon ganze Bibliotheken geschrieben worden. Ich möchte hier einfach meine eigenen Gedanken dazu formulieren. Denn natürlich habe ich Angst: Die Kontrollen waren alle super, aber dieser eine Tumormarker ist etwas zu hoch. Gynäkologe, Onkologe, Komplementärarzt, alle winken ab. Aber da ist sie, die kleine, hässliche schwarze Angst und bleckt die Zähne. Und vermiest mir meine Tage bis zur nächsten Kontrolle – wenn der Tumormarker am Ende wieder gefallen ist … Weil ich aber diese Angst besiegen will, beschäftige ich mich damit. Ich renne nicht davon, denn ich weiß, das nützt nichts. Ich muss ihr begegnen – wie Jim Knopf dem Scheinriesen.

Gerne lese und höre ich den amerikanischen Neuropsychologen und Bestsellerautor Rick Hanson. Ihn habe ich über die Internetseiten der Uni Freiburg gefunden. Seine Botschaft: Mit der Art, wie wir die Welt sehen, beeinflussen wir physisch unser Gehirn, die Schaltzentrale unseres

Körpers. Neuroplastizität nennt sich so etwas. Mal angenommen, man ist ein eher ängstlicher Typ. Dann passiert noch etwas in unserem Leben, was uns Angst macht – eine ungute Situation im Elternhaus, eine Krankheit. Das Gehirn wird nun für Angst sensibilisiert, die Angstschwelle wird herabgesetzt.

Steinchen für schöne Momente

Was tun? Nach Rick Hanson sind es Erfahrungen, die das Gehirn buchstäblich verändern. Seien wir deshalb achtsam und nehmen die guten Dinge im Leben besonders intensiv wahr: Wenn wir etwas geschenkt bekommen, sich jemand nett um uns kümmert, die Sonne scheint … Man sagt, wenn Du die Minuten dankbar wahrnimmst, kümmern sich die Jahre um sich selbst! Ein Trick, unsere Aufmerksamkeit besonders auf das Gute und Schöne zu richten (das Schlechte sehen wir sowieso), ist, am Tag für jeden schönen Moment ein Steinchen in die Jackentasche zu tun. Wenn man am Abend nachzählt, sind es meist mehr, als man gedacht hätte. Das ist schon mal ein erster Schritt gegen Angst und Unsicherheit. Denn JETZT ist es schön. Die Vergangenheit ist vorbei, und die Zukunft hat nun einmal noch nicht begonnen – sagen die weisen Buddhisten. Wir können nicht wissen, wie die Zukunft wird – warum also sich fürchten?

Sport und Entspannung tragen ebenfalls dazu bei, sich gegen Angst besser zu rüsten. Und gute soziale Beziehungen! Rick Hanson sagt: „Der Geist ist eine gefährliche Gegend, geh' dort niemals alleine hin." Das hat ein bisschen was von den alten Indern: Raus aus der Trennung, rein in den Kontakt: mit anderen Menschen – und mit sich selbst. Meditation ist ein Weg, an unsere eigene, innere Kraftquelle zu gelangen.

In jedem Falle mahnt Hanson: „Fürchte dich nicht davor, dich zu fürchten. Fühle die Angst, versuche sie zu verstehen, gehe mit ihr um – und lasse dich nicht von ihr überwältigen und kontrollieren." Ich glaube, es war Kris Carr, die einmal sagte: Steht die Angst in der Tür, lade sie zum Tee ein. Und dann bitte sie wieder zu gehen. Auch dieser chinesische Spruch ist schön: Die Angst klopft. Du öffnest die Tür – keiner da. Ein echtes Anti-Angst-Buch ist „Heilung im Licht" von Anita Moorjani, die schwer an Krebs erkrankt war und von einer Nahtoderfahrung berichtet. Ihr Rat: Lebe furchtlos, lebe dein Leben (und nicht das, das andere von dir erwarten), und kümmere dich nicht um den Ausgang – wie es ausgeht, können wir sowieso nicht wissen. Das heißt: Sterben müssen wir alle …

Mit der Angst umgehen – die amerikanische Soziologin, Autorin und Lebensberaterin Martha Beck hat dafür sehr schöne Bilder gefunden. Es sei so ein bisschen wie Skifahren: Man lehnt sich nämlich immer in Fahrtrichtung – Richtung Abhang! Man fährt los und genießt es – das kann ich als passionierte Skifahrerin bestätigen! „Wenn du in deine Angst hineinfällst, wirst du gehalten", behauptet sie. Und ich muss sagen, auch das kann ich bestätigen.

Als ich während meiner (wirklich harten) Chemotherapie einmal alleine glatzköpfig und von Übelkeit geplagt zuhause saß, kam das Elend über mich und ich heulte und schrie vor seelischem Schmerz, ja vor Todesangst. Es war mir völlig egal, ob das die Nachbarn hörten oder nicht, es war mir alles egal. Da klingelte das Telefon. Ich schrie weiter, nein, da gehe ich bestimmt nicht dran ... Und das Telefon klingelte und klingelte und klingelte. Hörte auf und fing wieder an. Bis ich schluchzend den Hörer abnahm. Eine Kollegin und gute Freundin. Sie wusste selbst nicht, warum sie es so stur hat klingeln lassen, gar ein zweites Mal anrief. Sie ließ im Büro alles stehen und liegen und kam. Wir gingen spazieren, redeten – ach, und danach sah die Welt wieder völlig anders aus.

Nach der zweiten Diagnose, Metastasen in beiden Eierstöcken und zu allem Überfluss noch in meinem Bauchfell, war ich schier starr vor Angst. Todesangst. Metastasierter Brustkrebs, das ist doch der Anfang vom Ende ... An dem Abend, mein Gynäkologe hatte mir die Schreckensbotschaft per Telefon mitgeteilt, schrieb ich einer Freundin, die kurz zuvor nach dem histologischen Befund der OP gefragt hatte, eine SMS. Prompt rief sie an. Eine Stunde telefonierten wir, weinten zusammen, suchten nach einem Weg, erst einmal mit dieser Nachricht umzugehen. Ich sprach noch mit einer weiteren, meiner besten, Freundin, auch hier war die Verzweiflung noch groß – aber sie trug sie tapfer mit, obwohl kurz zuvor ihre geliebte Mutter gestorben war.

Ein transatlantisches Gespräch mit einem ganz besonderen Freund brachte an dem Abend schon eine kleine Wende. Sagen wir, ich konnte mit Hilfe meiner Freunde ein bisschen vom Abgrund zurückweichen. Und mich so sammeln, dass ich vor meine Familie treten konnte, meinen Mann und meine damals 14-jährige Tochter. Noch einen Tag später traf ich mich mit einem befreundeten Arzt. Was für eine intensive Begegnung das war, der viele weitere Gespräche und sehr besondere (Akupunktur-)Behandlungen folgten. Bald war ich wieder stabil, ja, es ging mir sogar richtig gut. Die Tabletten-Chemo vertrug ich hervorragend, die Blutwerte waren gut. Das ist nun zwei – wundervolle! – Jahre her.

Angst in Lebenskraft verwandeln

Nach der ersten Diagnose bin ich einer Ärztin gefolgt, die sagte: „Frau Kübler, die Heilung beginnt im Kopf". Nach der zweiten Diagnose bin ich dem befreundeten Arzt gefolgt, der sagte: „Bettina, die Heilung liegt in Deinem Herzen". Habe mich Schamanen angeschlossen und auf vielen Reisen in mein Innerstes unglaublich viel Mut und Zuversicht geschöpft – echte Waffen gegen die Angst.

Schließen möchte ich mit einem Zitat der Schamanin Lumira, die ich „zufällig" an einem Ayurveda-Wochenende kennengelernt und bei der ich daraufhin ein denkwürdiges Seminar besucht habe. Wie ich bereits im fünften Kapitel schrieb, bin ich ihr nicht in allem gefolgt, aber in vielem. Was auch für sie völlig in Ordnung ist: „Ich sage euch, was ich weiß", betonte sie, „ob ihr das für euch annehmt, ist allein eure Sache." Denn in ihrer „Philosophie" ist jeder sein eigener Schamane. Ihrer Sichtweise von Angst kann ich mich jedoch hundertprozentig anschließen, genauso ist es mir ergangen:

„Keine Emotion verhindert ein glückliches, freies Leben so wie die Angst. Doch sie birgt auch ein enormes Energiepotenzial in sich. Wenn wir es schaffen, unsere Angst zu verstehen, lässt sie sich transformieren, so dass wir ihre gewaltige Kraft für unser Leben nutzbar machen können."

Kapitel 13
Qigong ist ein Dialog mit sich selbst
Interview mit Dr. med. Ingrid Reuther

Sie ist Fachärztin für Anästhesie, und sie ist von den segensreichen Wirkungen des Qigong durch und durch überzeugt. Deshalb ist Dr. med. Ingrid Reuther während meiner eigenen Ausbildung in dieser jahrtausendealten chinesischen Bewegungsmeditation bei der Medizinischen Gesellschaft für Qigong Yangsheng in Bonn auch meine Lieblingslehrerin gewesen. Zudem betreibt die Ärztin in Bad Neuenahr-Ahrweiler eine Praxis für Traditionelle Chinesische Medizin, Akupunktur und Qigong. Mit dem „Beherzten Patienten" sprach sie über das „Wegüben" von Beschwerden, die Bedeutung von Wohlbefinden für die Gesundheit und die heilsame Kraft der Veränderung.

Wie kamst Du als Fachärztin für Anästhesie zu Qigong?

Das ist eine lange Geschichte! Eigentlich wollte ich Internistin oder Neurologin werden, habe aber, damals mit einem zweijährigen Kind, in der Anästhesie eine Stelle bekommen. Diese Stelle war auf neun Monate befristet, und ich wurde wieder schwanger. Dann war ich arbeitslos und habe in dieser Zeit eine Psychotherapie-Ausbildung gemacht: Ich wollte mit Menschen arbeiten, etwas verändern. Dann sagte eines Tages jemand in der Supervision: Mach' doch Akupunktur. Ich war völlig überrascht – und als ich nach Hause kam, stand mein Mann, ebenfalls Arzt, mit einem Flugblatt über Akupunktur in der Tür.

Völlig unabhängig von der Supervision?

Ja, völlig unabhängig davon. So ist das in meinem Leben eigentlich immer gelaufen – die Dinge haben sich ganz natürlich entwickelt. Und parallel zu meiner Akupunkturausbildung habe ich auch bald mit Qigong angefangen. Gleichzeitig habe ich wieder eine halbe Stelle in der Anästhesie bekommen – und gefragt, ob ich denn auch akupunktieren dürfte. Man hat mir einen Raum zur Verfügung gestellt, und nachdem ich erstmal die Schwestern behandelt hatte, kamen die Patienten dran. Das wurde so viel, dass ich mich letztendlich für die Akupunktur entschieden habe. Dann habe ich sogar einen Kassensitz bekommen und die Erlaubnis für Psychosomatik. Spätestens dann wusste ich: Da geht's lang.

Und Qigong ...

... war die logische Konsequenz. 1989, ein Jahr, nachdem ich mit Akupunktur angefangen hatte, fiel mir ein Buch von Professor Jiao Guorui in die Hände, einem Arzt für Traditionelle Chinesische Medizin, der sich auf Qigong spezialisiert hatte. Ich las das und dachte, das will ich mal unterrichten. Und dann kam genau dieser Professor nach Bonn, und ich wohnte in Bonn. Und dann habe ich acht Jahre bei Professor Jiao Qigong gelernt – was für eine Chance!

Und dann hast Du sogar über Qigong promoviert.

Ja, und es war gar nicht so einfach, einen Doktorvater zu finden. Über einige Ecken bin ich dann an der Uni Witten-Herdecke gelandet, und zwar bei einem Geisteswissenschaftler, der sich mit Musiktherapien beschäftigte. Er arbeitete mit Methoden, die ich bei meinem Thema „Qigong und Asthma" wunderbar anwenden konnte. Das Ergebnis: Bei Asthmatikern, die nur den Kurs besucht und ansonsten nicht geübt haben, ist überwiegend alles beim Alten geblieben. Bei denjenigen, die regelmäßig Qigong geübt haben – also im Kurs und täglich zu Hause –, konnten wir fast durchgängig eine bis zu zwanzigprozentige Verbesserung der Lungenfunktion messen.

Sind diese Ergebnisse auf Interesse gestoßen?

Oh ja, ich bin zur Vortragsreisenden geworden! 1997 habe ich sogar meine Arbeit auf dem Qigong-Weltkongress in San Francisco vorstellen können. Das war sehr aufregend, ich habe dort viele spannende Leute kennengelernt. Eigentlich hätten sich die Krankenkassen besonders dafür interessieren müssen. Wir haben ihnen vorgerechnet, dass sie pro Patient 2000 Mark pro Jahr sparen können: Medikamente, Notarzt, Fehltage ... Aber es kam keine Reaktion.

„Qigong ist die schöne Schwester der Akupunktur"

Zum Verhältnis von Qigong und Akupunktur – beide Methoden gehören ja wie die Naturmedizin, die Ernährungslehre und die Tuina-Massage zu den fünf Säulen der Chinesischen Medizin. Auf welche Weise ergänzen sie sich?

Qigong ist die schöne Schwester der Akupunktur. Akupunktur ist die intelligente Schwester. Die Schöne tut nicht weh, sie ist weicher, poetischer, fließender und vor allem der aktive Part. Qigong ist nämlich etwas, was die Patienten selbst für ihre Gesundheit tun können.

Wie würdest Du Qigong erklären?

Das kommt ein bisschen darauf an, wer fragt. Einem Schulmediziner würde ich sagen: Qigong ist eine Bewegungstherapie, eine Entspannungsmethode, eine Atemmethode, hat Elemente des autogenen Trainings, arbeitet mit Visualisierung und Imagination, also unserer Vorstellungskraft. Und Qigong hat eine regulierende Wirkung auf unsere Psyche. Das sind alles Begriffe aus komplementären Therapieformen, die ein Mediziner versteht.

Und wenn jemand fragt, der sich in der Komplementärmedizin schon ein bisschen auskennt, vielleicht schon einmal eine Akupunkturbehandlung hatte?

Alles, was man mit Akupunktur erreichen kann, kann man auch mit Qigong erreichen. Am Anfang meiner Laufbahn habe ich mich selbst viel akupunktiert – aber das übe ich heute einfach weg. Ob Beschwerden im Nacken, mit den Knien oder Füßen, mit den Augen …

Wie wirkt Qigong?

Qigong zu üben, fühlt sich einfach gut an. Es wirkt über ein Wohlbefinden – und man weiß ja heute, welche Auswirkungen das auf unseren Körper hat. Die günstigen Veränderungen bei Botenstoffen, Enzymen, Endorphinen und so weiter lassen sich ja messen, dazu gibt es jede Menge Forschung. Das Wichtigste ist, dass man sich selbst in ein Wohlbefinden üben kann, seelisch wie körperlich.

Das heißt, dass ich als Patientin aus eigener Kraft eine Veränderung herbeiführen kann …

Ja, und ich arbeite mit Veränderung. Das bedeutet aber auch, dass meine Patienten dazu bereit sein müssen. Meine Praxis liegt außerhalb des Zentrums auf dem Berg, man muss mich schon ein bisschen suchen. Und diejenigen, die schließlich bei mir ankommen, wollen auch etwas verändern, sie wissen nur noch nicht, was und wie. Akupunktur ist da erst einmal der Türöffner. Dann geht es weiter mit Psycho-Hygiene, also der Frage, wie könnte ich mein Leben schöner machen. Hier ist Qigong ein wichtiger Bestandteil. Na ja, und wenn jemand den Begriff Qigong seltsam findet, dann nenne ich das eben Rückenübungen …

Negative Glaubenssätze in positive verwandeln

Inwieweit spielt die Haltung, die Einstellung des Patienten eine Rolle?

Das spielt eine große Rolle! Oft wird ein gesundheitliches Problem von negativen Glaubenssätzen begleitet oder verschlimmert. Einmal kam ein Patient mit einer Röntgenaufnahme von seinem Rücken zu mir und meinte, hier sei ein Bild von seinem kaputten Rücken. Solche Sätze tragen nicht zur Gesundung bei! Ich möchte den Patienten helfen, ihren inneren Dialog zu verändern, und Qigong ist ein Dialog mit sich selbst. Es ist ein Dialog mit der eigenen Lebenskraft, aber auch mit einer höheren Instanz außerhalb von uns selbst.

Wie kann ich diese Verbindung herstellen?

Vor allem in der Natur. Wenn ich draußen übe, ist schon die frische Luft ein Medium, das mich mit meiner Umgebung verbindet. Dazu kommen Vogelgeräusche, Gerüche, Wolken, ein Regenbogen – es gibt ja auch Übungen, die so heißen. Und ich habe noch niemanden erlebt, der da nichts spürt, den das nicht berührt. Deshalb üben in Bad Neuenahr jeden Sommer im Juli und August manchmal bis zu vierzig Leute Qigong auf einer Wiese. Es ist ein kostenloses Angebot, es gibt außer mir noch andere, die anleiten. Und zum Abschluss gibt es ein wunderbares Fest.

Qigong ist also auch eine Art Selbsterfahrung.

Ja. Und es verbindet mich auch mit den Übenden. Viele sind auch meine Patienten, und wenn ich im Sommer mit ihnen gemeinsam auf der Wiese übe, macht mich das nahbarer, und wir können besser zusammen arbeiten.

Wie finde ich einen guten Qigong-Lehrer?

Mein Lehrer, Professor Jiao, hat gesagt, man muss einmal hingehen und gucken, wie sich der Lehrer bewegt. Denn was er innen kann, ist ihm auf den Körper geschrieben. Und das stimmt wirklich, auch der Laie kann das sehen. Außerdem sollte der Lehrer gute didaktische Fähigkeiten haben, und natürlich sollte die Chemie stimmen.

Hast Du heute das Gefühl, dass die positiven Wirkungen des Qigong langsam auch im schulmedizinischen Bereich wahrgenommen werden?

Ja, glücklicherweise. Kürzlich wurde ich sogar zu einem „Brust-Tag" an der Uniklinik Köln eingeladen, um mit den Teilnehmerinnen Qigong zu üben. Es gibt ja inzwischen auch zahlreiche Studien, die die Wirksamkeit von

Qigong beispielsweise bei Krebsbehandlungen belegen: Das Blutbild ist besser, die Patienten haben eine bessere Lebensqualität, leiden weniger an Fatigue, dieser chronischen Müdigkeit. Man kann auch mit Sport viel erreichen, nur ist nicht jeder zu jedem Zeitpunkt dazu in der Lage. Aber Qigong geht immer – selbst in Gedanken im Bett.

Mit sechzig so gesund wie nie zuvor

Was hat Dich bei Qigong am meisten überrascht?

Ich bin jetzt 28 Jahre dabei, und es überrascht mich immer wieder, wie wohlig es in mir sein kann. Ich bin jetzt sechzig und gesünder als mit dreißig. Verrückt, oder? Infekte, Allergien, Rückenschmerzen, Schlafstörungen – all das habe ich schon lange nicht mehr. Ich kann viel arbeiten, bin körperlich und seelisch viel belastbarer als früher. Und beweglicher! Als ich Teenager war, meinte mein Vater mal zu mir, ich sei ein steifer Bock. Und das stimmte auch, ich hing mit den Fingern zwanzig Zentimeter über dem Boden! Das ist heute völlig anders. Ich kann auch mit dem Rucksack lange Strecken auf dem Jakobsweg gehen. All das führe ich auf Qigong zurück. Und ich weiß natürlich auch nicht, welche Krankheiten ich nicht bekommen habe. Das erfüllt mich mit großer Dankbarkeit. Und es eröffnet auch eine spirituelle Dimension, die für mich zum Gesundsein dazugehört.

Mehr zu Dr. med. Ingrid Reuther unter
www.akupunktur-und-qigong.de.

Kapitel 14
Schamanen schaffen lebendige Ordnung
Interview mit Dr. Tobias Klein

Der Partner der netten Frau, der wir unser Häuschen abgekauft haben, hatte eine so besondere Ausstrahlung, dass unsere damals elfjährige Tochter meinte: „Der ist aber nett. Können wir den mal zum Kaffee einladen?". Heute habe ich mit Dr. Tobias Klein in dreierlei Hinsicht zu tun: Er ist mein Psychotherapeut, mein Lehrer im elementar-Kreis und Freund. Tobias Klein über Schamanismus, Naturmystik und wie Heilung funktionieren kann.

Was macht einen Schamanen aus?

Ein Schamane ist jemand, der seinen Bewusstseinszustand willentlich verändern kann. Aus diesem Zustand heraus kann er ansonsten schwer oder gar nicht zugängliche Informationen erhalten, die für sein Leben oder für andere wichtig sind.

Wie kann man sich diesen besonderen Bewusstseinszustand vorstellen?

Jeder Mensch hat verschiedene Bewusstseinszustände, bloß merken es die meisten nicht. Wenn jemand zu mir in die Praxis kommt, um eine Psychotherapie zu machen, ist er in einem anderen Bewusstseinszustand, als wenn er zuhause Spaghetti kocht, Auto fährt oder träumt. Es gibt eine ganze Reihe von Bewusstseinszuständen in unserem Alltag, mit denen sich der Schamane auch auskennen sollte. Aber das ist nur ein Ausschnitt des Ganzen, es gibt mehr.

Du hast von besonderen Informationen gesprochen – welche sind das?

Informationen darüber, wie ich oder ein anderer glücklicher oder gesünder werden kann, oder wie das Leben gut gelingt.

Wie wird man ein Schamane?

Ein Schamane hat die Erfahrung des Sterbens hinter sich.

Dann müsste er ja tot sein ... Wie soll das gehen?

Das ist ein großes Geheimnis (lacht). Das, was stirbt, ist das Ego, das Ich. Das ist eine Kraft in uns, die uns dazu verführen will, unsere Kompetenzen in den Dienst der eigenen Wichtigkeit zu stellen. Wenn das Ego stirbt, verliert der Mensch diese Versuchung, und er merkt, welche Bedeutung er tatsächlich hat – und die steht über der illusorischen Weltsicht. Dieser Mensch erlebt sich dann als eins mit der Schöpfung, in diesem Moment ist er Geist. Das Alltagsbewusstsein hält uns in der materiellen Weltsicht gefangen, und wir sehen nur, was wir vor Augen haben, und nicht das, was dahinterliegt. Das schamanische Bewusstsein gibt den Blick auf die tiefere geistige Wirklichkeit frei.

Bist Du ein Schamane?

Ach, das ist ein großes Wort, mit dem auch viel Unsinn getrieben wird. Ich würde mich eher als spirituellen Lehrer der elementar-Kreise bezeichnen. Die Naturmystik der elementar-Kreise geht über den Schamanismus hinaus.

Was verstehst Du unter Naturmystik?

Eine mystische Begegnung ist die direkte Begegnung mit einer höheren Kraft. Nach dem naturmystischen Verständnis ist alles beseelt, nicht nur Menschen und Tiere, auch Bäume oder Steine. Das sind alles geistige Kräfte in einer geistigen Welt.

Worin liegt die Besonderheit der elementar-Kreise?

Das ist eine spirituelle Weggemeinschaft, die sich aufmacht, den elementaren Kräften der Schöpfung zu begegnen, um darüber Heilung und Erkenntnis zu finden. Es gibt aber kein Glaubenssystem wie bei einer Religion. Für uns zählt die Spiritualität der Erde. Es geht immer um die direkte Begegnung mit der Schöpfungskraft. Und in der direkten Begegnung, zum Beispiel im Schwitzhüttenritual, teilt sich die Kraft mit. Hugo-Bert Eichmüller, der Begründer der elementar-Kreise, hat einmal gesagt: Spiritualität bedeutet leben in Geistesgegenwart. Es gibt den Zeitgeist, den Geist eines Ortes, den Geist eines Lebewesens, und all diese Geistwesen sind immer da. Damit ich ihnen begegnen kann, brauche ich schamanische Kompetenzen, muss von mir selbst loslassen. Nicht die Methode steht im Mittelpunkt, sondern die Erkenntnis und die Heilung und die Verantwortung, diese Erkenntnisse auch in die Welt zu tragen.

Wie sieht das im Alltag aus?

Das geschieht oft im Kleinen. In einer Schwitzhütte war beispielsweise eine Frau, die sich einen neuen Job gewünscht hat. Kurze Zeit darauf wird ihr einer angeboten – und dann muss sie ihn auch annehmen. Wenn sie es nicht tut, verpasst sie nicht nur eine Chance, sie bewirkt dann auch Irritationen in der geistigen Welt.

Was bedeutet der Begriff „Kreis" bei den elementar-Kreisen?

Der Kreis bezeichnet nicht nur eine Weggemeinschaft, sondern ist ein eigenes, beseeltes Wesen. Es ist eine Kraft, eine Art energetisches Feld, das mit einer eigenen Wesenhaftigkeit und Intelligenz den Weg der Gemeinschaft unterstützt und Menschen in der Not tragen kann.

Warum wird ein Mensch aus schamanischer Sicht krank oder unglücklich?

Weil etwas in ihm ins Ungleichgewicht gekommen ist. Das kann alle möglichen Ursachen haben. Oft entfernt sich ein Mensch von den elementaren Kräften der natürlichen Ordnung, oder er setzt sich negativen geistigen Energien aus. Zum Beispiel ist er in einer familiären oder beruflichen Situation, die ihn unglücklich macht. Das färbt, wenn er zulange darin verweilt, auch auf das Innere ab. Bei der Heilung wird die natürliche, gute Ordnung wieder hergestellt. Es ist ein Prozess, der den Patienten wieder in den Kontakt mit den elementaren Kräften des Lebens führt – vor allem mit der heilenden Kraft der Liebe. Der Schamane erkennt, welche Kräfte beseitigt werden müssen, und woher die heilende Energie kommen kann. Er hat Kräfte, die ihm dabei helfen, und mit denen er in einer tiefen Beziehung, man kann fast sagen, in einer Liebesbeziehung steht. Er weiß um die Wirkungskraft der guten

Energien und wie sie anzuwenden sind. Alle Geistheilungsprozeduren haben etwas damit zu tun, energetische Phänomene in Ordnung zu bringen.

Was kann der Patient zu seiner Heilung tun?

In der traditionellen Sichtweise ist der Patient eher passiv. Aber er muss offen und bereit sein und die Heilung auch annehmen. Wenn er in die alten Strukturen zurückkehrt, die die Energie in Unordnung gebracht haben, dann wird die Heilung höchstwahrscheinlich nicht von Dauer sein. Die eigentliche Arbeit für den Patienten besteht darin, die Lehren aus seiner Erkrankung und aus seiner Gesundung zu ziehen und in seinen Lebensalltag zu integrieren. Oder anders gesagt: Der Patient sollte beherzt in die Verantwortung gehen und seine neue, gesunde Energie im Alltag pflegen und kultivieren.

Mehr zu Dr. Tobias Klein unter www.tobiasklein.de und zu den elementar-Kreisen unter www.elementarkreise.de.

Kapitel 15
Wie Gedankenkraft beim Singen hilft
Ein Selbstversuch

Seit einiger Zeit nehme ich Gesangsunterricht bei Melina, einer entzückenden und begabten Musikstudentin. Anlass: Auf dem Programm meines Chors stand die „Carmina Burana" von Carl Orff – wunderbar zu hören, überraschend schwer zu singen. Melina sollte es richten. Überraschenderweise wurde eine der ersten Gesangsstunden zu einem hörbaren Beweis, wie die Vorstellungskraft körperliche Funktionen beeinflussen kann.

Zwischen den Stühlen

Zunächst musste ich die hohen Töne üben. Ich singe Sopran, weil das meist die melodieführende Stimme ist und ich schlicht nichts anderes kann. Das Dumme ist nur, dass sich der Sopran durch hohe Töne auszeichnet. Der zweite Sopran ist auch nicht die optimale Lösung, weil man da knapp unter dem ersten Sopran und ebenso knapp über der ersten Altstimme singen muss. Also quasi zwischen allen Stühlen sitzt. Und hoch sind die Töne immer noch ...

Also Tonleitern üben, hoch und runter. Ab dem hohen E wackelt's schon. Melina ist ja sehr geduldig, aber an einem Samstag stoppte sie die Klavierbegleitung und fragte: „Bettina, weißt Du eigentlich, wie Deine Stimmbänder aufgehängt sind?" Ähm. Na ja. Irgendwie senkrecht, oder? Kleines Lächeln. „Nein, eben nicht." Es folgte eine kleine Lehrstunde in Physiologie. „Die Stimmbänder sind fast waagrecht aufgehängt", erklärte Melina. „Je mehr Du sie dehnst, desto höher werden die Töne. Und was bedeutet das nun?" Immer diese didaktischen Fragen … Völlige Ahnungslosigkeit meinerseits. „Du darfst also nicht nach oben denken, wenn Du hohe Töne singst, sondern nach hinten! Gleichzeitig fixierst Du vorne diesen Punkt an der Wand und dehnst die Stimmbänder schon in Gedanken."

Trau' Dich!

Sag' noch einer, Singen sei einfach. Es ist das reinste Konzentrationsspiel mit Ganzkörpereinsatz. Also: Ich würde nach hinten denken, gleichzeitig nach vorne schauen und ein astreines hohes E singen. Das war der Plan.

Melina fing ein bisschen tiefer an, aber wir kamen schneller in die hohen Lagen, als mir lieb war. „Du schaffst das!", feuerte sie mich an, „trau' Dich, Du kannst das! Angriff!!!" – und ich sang und sang und: „Siehst Du, Du kannst es!" Melina schaute mich geradezu triumphierend an. „Das war eben schon das hohe G."

Echt jetzt? Ich schaute sie ungläubig an. Aber ich hatte selbst gehört, dass ich ziemlich hoch gekommen bin, dazu noch mit einer passablen Stimme. Ich war total verblüfft. Ein wahrhaftiges Schlüsselerlebnis.

Die Daoisten sagen es. Die Yogis sagen es. Sportwissenschaftler sagen es. Motivationstrainer sagen es. Die Quantenphysiker sagen es: Verändere die Art und Weise, wie du die Dinge siehst, und die Dinge, die du siehst, werden sich verändern.

Unser Denken, unsere Haltung prägt unser Leben entscheidend. Auch und besonders dann, wenn wir krank sind und gesund werden wollen. Wege zur Gesundheit gibt es so viele, wie es Patienten gibt. Aber eines dürfen wir alle niemals unterschätzen: die verändernde Kraft unserer Gedanken.

Danke!

Es ist mir an dieser Stelle ein großes Bedürfnis, danke zu sagen. Ich weiß nicht, wie mein Leben weiter verlaufen wird, aber ich weiß, dass die sechseinhalb Jahre nach meiner Erstdiagnose fast zu schön waren, um wahr zu sein. Ja, sie waren auch hart, sehr hart. Aber mir wurde die Kraft geschenkt – oder ich habe sie in mir entdecken dürfen –, mein Leben in die Hand zu nehmen, es schöner, gesünder, heiler zu gestalten.

Es ist fantastisch, welch tolle Menschen ich seither kennengelernt habe. Vor allem: Was sie mich alles gelehrt haben. Von Angesicht zu Angesicht, in Workshops, Seminaren, in der schamanischen Schwitzhütte, beim Lesen von Büchern, in Webinaren. Ich danke jeder, jedem Einzelnen, der oder die zur Entstehung des „Beherzten Patienten" beigetragen hat – ich glaube, sie sind (fast) alle irgendwo in diesem Büchlein erwähnt, und wenn nicht, sollten sie sich an dieser Stelle angesprochen fühlen.

Ich bin unendlich dankbar für diese Erfahrungen, die mich haben reifen lassen und die es mir ermöglichen, dann und wann auch anderen zu helfen. Das ist ein wunderbares Gefühl – auch und gerade für mich. Die Krankheit hatte und hat ihren Sinn.

Deepak Chopra fordert dazu auf, die heilende Kraft der Dankbarkeit zu kultivieren. Dankbarkeit lässt uns achtsam sein und bringt uns in den gegenwärtigen Moment, „der einzige Ort, an dem Wunder geschehen können". Je dankbarer wir sein können, desto mehr können wir, so Chopra, mit den Augen der Seele sehen.

Wer mit einem harten Schicksalsschlag umgehen muss, findet es zumeist nicht einfach, dankbar zu sein. Manchmal bin ich meiner Krebserkrankung dankbar, aber bestimmt nicht immer. Doch die Begegnungen und Erkenntnisse, die sie ausgelöst hat, für die bin ich unendlich dankbar.

Und wenn ich morgens das Fenster öffne und tief einatme, spüre ich das Glück, das die Dankbarkeit für einen neuen Tag mit sich bringt. Ein Tag, an dem ich für mich und für andere etwas Gutes, Sinnvolles tun kann. Und hier schließe ich mit meinem Lieblingsspruch aus meinem Lieblingsbuch, „Illusionen" von Richard Bach:

> Hier ist ein Test, um herauszufinden,
> ob deine Mission auf Erden
> schon beendet ist:
> Solange du noch lebendig bist,
> ist sie es nicht.